DAMM/LINGNAU · 80 KUBIK

Johannes Damm / Gerold Lingnau

80 KUBIK

**Alles
über die neue Klasse**

MOTORBUCH VERLAG STUTTGART

Einbandgestaltung: Siegfried Horn
unter Verwendung eines Farbfotos von Johannes Damm

Fotos im Innenteil: Johannes Damm
Alle Fotos mit Leicaflex-Motorkamera und Leica R-3
Zeichnungen: Michael Damm

ISBN 3-87943-857-9

1. Auflage 1982

Eine Abteilung des Buch- und Verlagshauses Paul Pietsch GmbH & Co. KG.

Satz und Druck: ARA-Druck, 7000 Stuttgart.
Bindung: Verlagsbuchbinderei Karl Dieringer, 7000 Stuttgart.
Printed in Germany.

Inhalt

Aller Anfang muß nicht schwer sein

80 Kubik und 80 km/h – das klingt nicht überwältigend. Aber um auf zwei Rädern Kopf und Kragen zu riskieren, muß man nicht 1000 Kubik unter dem Hintern haben: Das schafft man auch mit zehn Prozent davon, wenn das Risiko beim Fahren Vorrang vor der Sicherheit hat. Nun ist es natürlich ein großer Tag, wenn man den langersehnten Führerschein in der Tasche hat, wenn das Fahrschulgezockel endlich vorbei ist. Der Wunsch, auf der ersten Alleinfahrt das Gas voll aufzumachen, ist verständlich. Auch der größte Sicherheitsapostel auf dem Motorrad sieht ein, daß die Versuchung dazu sehr groß ist. Die Sache hat nur einen Haken. Für viele, die ohne das notwendige Können zu schnell den Hahn voll aufdrehen, war der Spaß schon wieder zu Ende, ehe er richtig begonnen hatte. Mit anderen Worten und etwas drastischer ausgedrückt: Endstation war das Krankenhaus oder der Friedhof. Im Überschwang jugendlicher Kraft werden Warnungen auf die leichte Schulter genommen und als Geschwätz alter Miesmacher abgetan; man meint, einem selbst kann so etwas nicht passieren. Bei anderen Gelegenheiten wird ja von Älteren auch immer erst schwarz gemalt und alles Mögliche verboten, was im Nachhinein betrachtet halb so schlimm war. Deshalb lassen wir hier ganz nüchtern und sachlich einige Zahlen sprechen – in der Hoffnung, daß sie überzeugender sind als der erhobene Zeigefinger. Hieb- und stichfest hat die Unfallursachenforschung ermittelt, daß Motorradfahrer bei Unfällen ein etwa dreißigfach höheres Risiko haben, verletzt zu werden, als Autofahrer. Bei den tödlich Verunglückten ist die Prozentzahl noch um einiges größer. Jeder fünfte Fahrer oder Sozius, der in einen Unfall verwickelt ist, erleidet dabei lebensgefährliche oder tödliche Verletzungen. Über ein Drittel aller Todesfälle von Motorradfahrern gehen auf Alleinunfälle zurück, an denen also kein anderer beteiligt ist. Bei einem Sturz auf die Straße mit nur 20 bis 30 km/h wird schon die Verletzungsschwelle am Kopf stark überschritten; bereits ein Aufprall mit 10 bis 15 km/h auf einen

Bordstein kann zu schwersten, ja sogar tödlichen Schädelbrüchen führen, besonders natürlich dann, wenn ohne Helm gefahren wird. Jährlich werden etwa 2000 motorisierte Zweiradfahrer bei Unfällen getötet. Das ist enorm viel, wenn man bedenkt, daß ihre Zahl im Vergleich zu den Autofahrern gering ist.
Die Prophezeiung, daß sie schwer stürzen oder das Leben auf dem Motorrad beenden würden, hätte gewiß vielen dieser verunglückten Fahrer nur ein mitleidiges Lächeln entlockt. Durch diese Zahlen soll auch keinesfalls der Eindruck erweckt werden, Motorradfahren sei ständig und für jeden mit einem lebensgefährlichen Risiko verbunden. Ganz im Gegenteil. Die beiden Autoren sind schon seit einigen Jahrzehnten begeisterte Motorradfahrer, und wenn wir den Spaß auf zwei Rädern für lebensgefährlich hielten, könnte keine Macht der Welt uns mehr dazu bewegen, auf eine Maschine zu steigen. Wir wollen mit diesen Zahlen nur ganz klar machen, daß zum sicheren Motorradfahren mehr gehört als eine Maschine, auf der man mit viel Mut und Gottvertrauen durch die Gegend gondelt. Auf zwei schnellen Rädern müssen Sie im Voraussehen von Gefahren einfach besser sein als die anderen, mit denen Sie auf der Straße stets hautnah in Berührung kommen. Und weil Sie ein vergleichsweise wackliges Gefährt bewegen, sollten Sie auch in puncto Fahrzeugbeherrschung mehr können als Ihre Zeitgenossen auf vier Rädern. Nach der Unfallstatistik sind Anfänger siebenmal häufiger an Unfällen schuldhaft beteiligt als Fahrer, die schon acht Jahre und mehr Praxis haben. Die ersten sieben Jahre sind also die gefährlichsten in einem Fahrerleben. Die Lehrzeit auf dem Motorrad sollte deshalb in erster Linie von Vernunft bestimmt sein und nicht von Angeberei. Motorradfahren ohne Risiko gibt es nicht: Aber eine Gefahr ist keine Bedrohung mehr, wenn man sie kennt und mit Abwehrmaßnahmen vertraut ist. Wie man dieses Ziel erreichen kann, darüber können Sie in diesem Buch eine Menge lesen.

Wer darf was?

Zusammen mit dem Leichtkraftrad, der Achtziger, wurde den Bundesbürgern – im Jahr 1980 – auch eine neue Führerscheinregelung präsentiert. Mit der alten Fahrerlaubnis Klasse 4 für Kleinkrafträder (Fünfziger), die man ohne große Umstände und vor allem ohne praktische Prüfung machen konnte, war es nun vorbei. Jetzt wird die kleinste Motorrad-Klasse, die der Leichtkrafträder, im Prinzip nicht mehr anders behandelt als die größte: Das heißt, Sie brauchen, um sie fahren zu dürfen, einen richtigen Motorrad-Führerschein, also die Fahrerlaubnis der Klasse 1. Und wenn Sie dieses Papier haben möchten, müssen Sie eine theoretische und eine halbstündige praktische Prüfung ablegen. Das bedeutet wiederum, daß Sie eine Fahrschule besuchen und Fahrstunden nehmen müssen. Die einzige Besonderheit am Achtziger-Führerschein ist das »b« hinter der Klassen-Bezeichnung 1. b heißt beschränkt: Damit sind aber nicht die Leichtkraftrad-Fahrer gemeint, sondern der Geltungsbereich ihrer Fahrerlaubnis – mit ihr darf man eben nur Leichtkrafträder und nichts Größeres (wohl aber Mofas, Mopeds, Mokicks und Kleinkrafträder) benutzen. Als Ausgleich für diese Beschränkung kann man den Führerschein 1b schon mit sechzehn Jahren machen; den unbeschränkten Einser gibt's erst ab achtzehn. Für die Ausbildung zum 1b dürfen natürlich nur Achtziger-Maschinen (bis Ende 1983 auch Fünfziger) verwendet werden.
Dies gilt alles freilich nur für Leute, die am 1. April 1980 oder später sechzehn Jahre alt geworden sind, und für jene Älteren, die bis zu diesem Stichtag noch keinen Führerschein – oder nur die Klasse 5 für Mopeds und Mokicks – gehabt haben. Wer an jenem 1. April bereits im Besitz der damaligen Fahrerlaubnis Klasse 4 (für Kleinkrafträder, also Fünfziger-Motorräder) war, darf mit ihr auch Leichtkrafträder fahren. Und die gleichen Rechte haben alle, die am Stichtag Führerscheine der Klassen 2 (Lastwagen) oder 3 (Personenwagen) in der Brieftasche trugen: Auch

ihnen darf niemand das Fahren von Achtzigern verbieten. Davon profitieren jene, die vielleicht erst mit dreißig oder vierzig Spaß am Motorradfahren bekommen und sich neben ihrem Auto eine leichte und preisgünstige Maschine fürs Wochenend-Vergnügen halten wollen. Sie brauchen, wenn sie sich auf 80 Kubik beschränken, dann nicht die zeitraubende Ausbildung für den Führerschein 1. Wer jedoch seine Fahrerlaubnis Klasse 2 oder 3 erst am 1. April 1980 oder später erworben hat, muß den Führerschein 1b machen, wenn er eine Achtziger bewegen will: Das soll hier noch einmal ganz deutlich gesagt werden.
Die Fahrerlaubnis 1b wird nicht ohne Grund als »Unterabteilung« der Klasse 1 geführt. Sie ist als Vorstufe für den unbeschränkten Einser gedacht, und wer sie in der Tasche hat, sollte nicht versäumen, daraus rechtzeitig den »richtigen« Motorradführerschein zu machen. Dazu werden nämlich erleichterte Bedingungen geboten. Man braucht sich nicht noch einmal einer theoretischen Prüfung zu unterziehen, sondern nur einer praktischen, die allerdings mit einer Maschine von mindestens 20 kW (27 PS) abgelegt werden muß. Voraussetzung für den Wegfall des »b« ist selbstverständlich, daß der bisherige Achtziger-Fahrer achtzehn Jahre alt geworden ist. Und sehr wichtig: Der Antrag dafür muß innerhalb von fünf Jahren nach der Erteilung der Fahrerlaubnis Klasse 1b gestellt werden.

Technisches Allerlei verständlich gemacht

Was ist ein Leichtkraftrad?

Die Leichtkrafträder sind die Nachfolger der Kleinkrafträder. So kann man sagen, obwohl noch bis Ende 1983 beide Sorten nebeneinander verkauft und in den Verkehr gebracht werden dürfen. Die Fünfziger, also die Kleinkrafträder, waren immer mehr in Mißkredit geraten. Grund dafür war vor allem der Krach, den sie machen und der von den hohen Drehzahlen ihrer Motoren kommt. Die kleinen Triebwerke müssen – besonders beim Anfahren – immer kräftig auf Touren gehalten werden und geben dabei unangenehm schrille Geräusche von sich. Viele Fünfziger-Fahrer haben dazu noch beigetragen, indem sie die Auspuffanlagen ihrer Maschinen ausgeräumt und auch an der Ansauggeräuschdämpfung herumgebastelt haben. Obwohl nicht alle so dumm waren, hatte die Geduld des Gesetzgebers doch Ende der siebziger Jahre ihre Grenze erreicht. Er dachte über eine neue Kategorie von kleinen Motorrädern nach und erfand in enger Zusammenarbeit mit den Herstellern das Leichtkraftrad, das vor allem leiser als das Kleinkraftrad sein sollte. Das technische Rezept dafür brauchte nicht lange gesucht zu werden: Mehr Hubraum und eine Begrenzung der Drehzahlen konnten den gewünschten Zweck erfüllen. Und zugleich führte der um die Sicherheit der jungen Motorradfahrer besorgte Gesetzgeber eine Höchstgeschwindigkeit ein. Ein Leichtkraftrad muß so gebaut sein, daß es auf ebener Straße nicht schneller als 80 km/h (mit geringen Toleranzen) läuft. Kleinkrafträder dagegen hatten kein Tempolimit; sie dürfen so schnell fahren, wie es der Motor hergibt, und das waren zuletzt bei den meisten deutschen Modellen 90, wenn nicht 95 km/h.
Wie ist nun das Leichtkraftrad technisch definiert? Sein Motor muß mehr als 50, aber weniger als 80 Kubikzentimeter Hubraum haben. Seine Höchstleistung darf er spätestens bei 6000 Umdrehungen je Minute abge-

ZÜNDAPP
K 80

MTX
PRO-LINK

HERCULES
Chopper

ben, und das Motorrad darf – wie schon gesagt – nicht schneller sein als 80 km/h. Vorgeschrieben sind ein Scheinwerfer mit Fern- und Abblendlicht, eine Schlußleuchte mit Rückstrahler, zwei unabhängig voneinander wirkende Bremsen, ein Rückspiegel, eine Hupe, ein Tachometer mit Kilometerzähler und eine Diebstahlsicherung. Eine Bremsleuchte und Blinker sind nicht notwendig, aber erlaubt, wenn sie den Bestimmungen genügen. Funkentstörung ist obligatorisch, ebenso ein Fabrikschild, auf dem Hersteller, Typ, Baujahr, Fahrgestellnummer und zulässiges Gesamtgewicht vermerkt sein müssen. Teile, die bestimmend für die Geschwindigkeit des Motorrads sind (vor allem am Motor, aber auch Kettenrad und Ritzel), müssen gekennzeichnet sein, und ihre Typnummern müssen noch einmal alle zusammen auf einem weiteren Blechschildchen an der Maschine vermerkt sein: So kann die Polizei bei einer Kontrolle unterwegs durch Vergleichen der Nummern leicht feststellen, ob unerlaubte Wechselgeschäfte vorgenommen worden sind. Alle Leichtkrafträder müssen ein Nummernschild tragen, das 24 × 13 Zentimeter groß und mindestens 30 Zentimeter (bei Rollern 20 Zentimeter) über dem Boden angebracht sein muß. Auf ihm klebt auch die TÜV-Plakette, denn die Achtziger müssen alle zwei Jahre – wie Autos und größere Motorräder – zur Hauptuntersuchung nach Paragraph 29 der Straßenverkehrs-Zulassungsordnung. Obwohl sie ein Kennzeichen haben, brauchen sie aber nicht zugelassen zu werden. Notwendig ist nur eine Allgemeine Betrieberlaubnis, die der Fahrer immer bei sich haben muß.

Kleine Kraftwerks-Kunde.

Alle Leichtkrafträder haben – zumindest bisher – Einzylinder-Zweitaktmotoren. Das hat einen technischen Grund. Nur mit diesem Bauprinzip, bei dem zu jeder Kurbelwellenumdrehung ein Arbeitstakt gehört, ist es möglich, eine akzeptable Höchstleistung (also für eine Achtziger rund 6 kW oder 8 PS) schon bei den vom Gesetz als Maximum vorgeschriebenen 6000 Umdrehungen je Minute zu erreichen. Viertaktmotoren zünden nur bei jeder zweiten Umdrehung der Kurbelwelle; sie haben bei 6000/min

Achtziger – so oder so oder so: Oben ein Modell im sportlichen Straßen-Trim, getreu den Vorbildern mit mehr Hubraum angeglichen. In der Mitte eine Enduro: äußerlich einer Geländemaschine ähnlich, aber insgesamt »ziviler« und voll straßentauglich, ideal als Allround-Motorrad für Stadtverkehr, Landstraße und leichtes Gelände. Die jüngste Linie ist der Soft-Chopper (unten). Er verkörpert die amerikanische Auffassung vom Motorrad – Sitzbank und Lenker bequem, alles auf geruhsames Fahren abgestellt. Unter diesen drei Bauarten kann jeder das für ihn passende Leichtkraftrad finden.

Gerade für Mädchen, die mit dem Motorradfahren anfangen, sind Achtziger die idealen Maschinen. Wenn dann eine junge Dame noch so perfekt ausgerüstet ist wie hier im Bild, ist es nicht nur eine Freude, sie anzusehen; man hat auch ein gutes Gefühl dabei.

noch keine konkurrenzfähige Leistung oder, umgekehrt gesagt, sie brauchen etwa 8000/min, um mit 80 Kubikzentimeter Hubraum in die Gegend von 5 kW zu kommen. Ob der Gesetzgeber, als er die Bestimmungen für das Leichtkraftrad schuf, den Viertakter schlicht vergessen hat oder ob er ganz gezielt den Zweitakter bevorzugen wollte, darüber gehen die Meinungen auseinander. Immerhin baute zu jener Zeit kein deutscher Hersteller kleine Viertaktmotoren, so daß das Pro-Zweitakter-Gesetz durchaus ein Bonbon für die heimische Industrie gewesen sein mag. Wer weiter denkt, wird es schade finden, daß hier Vorschriften die technische Vielfalt und den Wettbewerb einschränken. Für den Viertakter spricht nämlich sein – auch bei sehr hohen Drehzahlen – viel angenehmeres Geräusch: Es ist dumpf und kernig, während der Zweitakter mehr in hellen Tönen singt. Ob es eines Tages vielleicht Ausnahmegenehmigungen für Viertakt-Achtziger gibt, steht in den Sternen. Zur Zeit, als dieses Buch erschien, war es noch nicht soweit.
Achtziger kommen im Durchschnitt mit drei bis vier Liter Kraftstoff 100 Kilometer weit. Sie sind also Sparbrötchen, vor allem wenn man sie mit großen Motorrädern oder Autos vergleicht: bei den heutigen Benzinpreisen eine gute Sache. Allerdings sind die Zweitakter hier ebenfalls im Nachteil. Sie verbrauchen mehr Benzin und vor allem mehr Öl als Viertak-

Unter den Achtzigern gibt es auch richtige Geländemaschinen, wie diese aus Italien. Ambitionierten Fahrern können sie den Einstieg in den Geländesport bieten. Wer viel auf der Straße fährt, sollte allerdings eine Enduro vorziehen.

ter. Eine Umlaufschmierung – der Schmierstoff wird immer umgewälzt und erst nach ein paar tausend Kilometer gewechselt – ist bei ihnen nicht möglich. Das Öl muß vielmehr dem angesaugten Kraftstoff-Luft-Gemisch zugegeben werden, kommt auf diese Weise auch in den Verbrennungsraum und wird dann als nettes blaues Rauchfähnchen zum Auspuff hinausgeweht. Am verschwenderischsten mit dem teuren Schmiermittel gehen jene Maschinen um, bei denen das Öl schon im Tank dem Kraftstoff beigemischt wird (Mischungsschmierung). Obwohl inzwischen schon das umweltfreundlichere Mischungsverhältnis 50:1 zur Regel geworden ist (auf je 10 Liter Benzin kommen also 0,2 Liter Öl), wird doch noch ziemlich viel Schmierstoff verpulvert, bei einem Verbrauch von 4 Liter Sprit je 100 Kilometer also fast ein Liter Öl auf 1000 Kilometer. Gegenüber früher, als noch 25:1 oder gar 20:1 üblich waren, ist das allerdings schon ein schöner Fortschritt.
Außer dem recht hohen Ölverbrauch hat die Mischungsschmierung auch den Nachteil, daß Sie bei jedem Tanken mit den kleinen Blechbüchsen hantieren müssen oder das zeitraubende Nachfüllen von Benzin-Öl-Mix an der »Moped-Säule« in Kauf nehmen müssen. Viel einfacher ist es, wenn Ihre Maschine eine sogenannte Frischölschmierung hat. Hier wird das Öl von einer kleinen Pumpe wohldosiert direkt ins Ansaugrohr beför-

dert – um so mehr davon, je weiter der Gasdrehgriff aufgezogen wird. Das ist zwar nicht so narrensicher wie die Mischungsschmierung, aber es bewirkt mehr Sparsamkeit im Ölverbrauch (und weniger blauen Rauch im Auspuffgas), und es erleichtert das Tanken. Sie müssen dann nämlich nur reines Benzin in den Tank füllen; für das Öl gibt es einen getrennten kleinen Behälter, dessen Inhalt für eine größere Strecke ausreicht. Wenn Sie freilich nicht rechtzeitig für Nachschub sorgen, ist der Motor hin. Nur manche Maschinen haben eine Warnleuchte für Ebbe im Öltank.
Ein wichtiger Vorteil des Zweitaktmotors sollte natürlich auch nicht verschwiegen werden: Er ist viel einfacher aufgebaut als ein Viertakter, und so kann an ihm normalerweise auch viel weniger kaputtgehen. Sparen kann man sich zum Beispiel die Kontrolle und das Nachstellen von Ventilspiel und Steuerkettenspannung. Auch eine Nockenwelle hat der Zweitakter nicht. Dafür behält der Viertakter stets einen sauberen Auspuff, während sich bei seinem Konkurrenten dort Ölschmiere und Ölkohle ansetzen, die öfter einmal entfernt werden müssen. Für beide Bauarten gilt: Nicht an der Qualität des Schmierstoffs sparen. Nehmen Sie ein gutes Markenöl, auch wenn es teuer ist. Der Aufwand hält sich bei dem insgesamt geringen Verbrauch in Grenzen, und Ihr Motor dankt es Ihnen.

Zahnräder zum Sortieren.

Die Motoren der Leichtkrafträder ziehen schon bei niedrigen Drehzahlen gut durch: Sie sind elastisch, weil sie auf eine für ihren Hubraum recht geringe Leistung gedrosselt sind. Trotzdem brauchen sie ein Getriebe mit mindestens vier Gängen, damit Tempo und Drehzahl den Fahrwiderständen angepaßt werden können. Der oberste Gang muß so »lang« sein, daß die erlaubten 80 km/h (bergab auch noch einiges mehr) gefahren werden können und die Drehzahl dabei nicht zu hoch wird; der unterste muß »kurz« genug sein, daß Fahrer nebst Sozia auch an einer steilen Steigung noch einwandfrei aus dem Stand wegkommen. Und dazwischen müssen die restlichen Gangstufen so gut verteilt sein, daß immer eine davon paßt und keine großen »Löcher« zwischen ihnen klaffen. Mit vier Gängen kann man diese Anforderungen kaum erfüllen, und daher sind die meisten Achtziger auch mit einem Fünf-, manche sogar mit einem Sechsganggetriebe ausgerüstet. Außer für echte Geländemaschinen, die sie wirklich brauchen können, sind sechs Gänge freilich ein Luxus, den Sie mitbezahlen müssen, ohne davon mehr zu haben als viel Schaltarbeit. Fünf sind ein idealer Kompromiß, damit kommt man in jedem Fall zurecht. Klauengeschaltete Getriebe sind ziehkeilgeschalteten vorzuziehen, weil sie exakter und leichter funktionieren. Für die Gangwahl ist allgemein ein Fußhebel zuständig; nur bei Achtziger-Rollern gibt es handbetätigte Drehgriffschaltungen. Zwischen Motor und Getriebe sitzt die Kupplung, mit der man den Kraftfluß von der Kurbelwelle zum Antrieb unterbrechen kann. Sie ist bei den meisten Achtzigern in einem Ölbad gut verwahrt; ihre Beläge und Scheiben halten daher sehr lange, wenn man einigermaßen vernünftig fährt und nicht an jeder Ampel einen Rennstart hinlegt.

Immer rundherum: die Kette.

Vom Motorrad-Getriebe zum Hinterrad läuft die Antriebskraft des Motors entweder über eine Kette oder über eine Gelenkwelle (Kardanwelle). Der Kardanantrieb ist allerdings nur bei Maschinen der oberen Hubraumklasse stärker verbreitet. An Leichtkrafträdern sucht man ihn vergeblich, obwohl er den großen Vorteil hat, so gut wie keine Pflege und Wartung zu brauchen. Aber er schluckt auch eine Menge Kraft, und die gibt es bei den Achtzigern nicht im Überfluß. Deshalb wird hier die gute alte Kette verwendet, die zwar öfter mal nach Öl oder Fett schreit, gelegentlich gereinigt werden muß und nicht viel mehr als 10000 Kilometer aushält, die aber dafür billiger, leichter und elastischer ist als eine Kardanwelle und im Falle der Fälle mühelos repariert oder ausgewechselt werden kann. Sogenannte O-Ring-Ketten mit einer Dauer-Fetteinlage in den Gliedern sind an Motorrädern von 20 kW und mehr schon häufig zu finden. Dort können sie bis zu 20000 Kilometer alt werden. Dieser Fortschritt wird den Leichtkrafträdern jedoch noch vorenthalten. Wer will, kann sich allerdings einen nachrüstbaren Kettenkasten mit oder ohne Fettfüllung kaufen und so seiner Kette zu mehr Lebensdauer verhelfen.

Rückgrat zeigen: der Rahmen.

Der Rahmen ist das Rückgrat eines Motorrads. Und schon für 80 oder 100 km/h braucht man ein kräftiges Rückgrat. Viele Achtziger sind aus Fünfziger-Kleinkrafträdern weiterentwickelt worden. Das ist keine schlechte Basis, denn diese Ungedrosselten waren und sind deutlich schneller als die neuen Leichtkrafträder. Trotzdem haben nicht alle von ihnen Rahmen, die strengen Motorradprinzipien – wie sie bei den schwereren Maschinen üblich und notwendig sind – genügen. Mit der Bauart des Rahmens hat das allerdings nur wenig zu tun. Eine Preßstahl-Ausführung braucht nicht schlechter zu sein als eine Rohrkonstruktion oder eine Mischung aus beiden. Eher könnte schon ein allzu geringes Gewicht der Achtziger auf mangelnde Stabilität schließen lassen. Unser Tip: Lesen Sie

Testberichte der Maschinen, die Sie interessieren. Gibt es – vielleicht sogar in mehreren Zeitschriften übereinstimmend – Kritik am Fahrverhalten eines Modells, dann sollten Sie sich lieber bei seiner Konkurrenz umsehen. In diesem Buch können wir Ihnen leider keine spezielle Kaufberatung geben. Sie könnte nicht so aktuell sein, wie Sie es benötigen. Aber unsere allgemeinen Ratschläge zusammen mit den Tests in guten Fachblättern können Ihnen gewiß auf den richtigen Weg helfen.

Ein Segen fürs Kreuz: die Federung.

Straßen sind nicht immer schön glatt und eben. Viele haben Buckel und Löcher. Wie sich das anfühlt, wenn man ungefedert drüberweg fährt, kennen Sie gewiß vom Fahrrad her. Spätestens jenseits vom Mofa-Tempo 25 km/h genügen die Reifen allein nicht mehr, um für den erwünschten Komfort und die notwendige Fahrsicherheit zu sorgen. Bei höherer Geschwindigkeit müssen die Räder möglichst immer auf der Fahrbahn bleiben (sie dürfen nicht auf Unebenheiten hüpfen und springen), und die Stöße, die sie von unten her bekommen, dürfen sie nicht nach oben zu Fahrer und Sozia weitergeben. Sie müssen also gefedert sein, und die Federn sollten tunlichst auch über eine Dämpfung verfügen, damit die Auf- und Abbewegungen rasch wieder abklingen. Achtziger sind echte Motorräder, und darum haben sie selbstverständlich sowohl Vorder- als auch Hinterradfederung. Vorne tut fast überall eine Teleskopgabel Dienst; hinten ist üblicherweise eine Schwinge vorgesehen, die sich auf ein oder zwei Federbeine (Kombination aus Feder und Stoßdämpfer) abstützt. Beim Kauf sollten Sie darauf achten, daß die Federwege – die Abstände zwischen dem oberen und unteren Anschlag der Federelemente – möglichst groß sind. Ein Hersteller, der diese Werte nicht in seinen Prospekt schreibt, weiß warum: Dann hat seine Maschine wohl nicht genug Federweg mitbekommen. Vergewissern Sie sich außerdem, daß die Telegabel ölgedämpft ist; bei Federbeinen ist das inzwischen so gut wie ausnahmslos der Fall. Wichtig ist schließlich, daß sich die Basis der Feder(n) fürs Hinterrad je nach Belastung verstellen läßt. Nur so ist wirklich garantiert, daß die Federung leicht anspricht, wenn Sie allein auf der Maschine sitzen, und doch nicht durchschlägt, wenn sie mit zwei Personen und Gepäck belastet wird. Wenn sich die Hinterradschwinge nicht in Kunststoffbuchsen, sondern in Wälzlagern dreht, dann haben Sie sogar eine richtig feine Achtziger abgekriegt. Andernfalls muß durch regelmäßige Schmierung für ausreichende Lebensdauer der Schwingenlager gesorgt werden. Telegabeln und Federbeine sind wartungsfrei, allenfalls muß in der Vordergabel gelegentlich mal das Öl gewechselt werden.

Mit dem Motorrad ins Grüne – eine prima Sache. Aber denken Sie auch gelegentlich daran, daß das Grüne nicht unbedingt auf uns Motorradfahrer wartet. Nicht überall passen Zweitaktgeräusche und Auspuffgase in die Landschaft. Auch Zufußgehen macht Spaß: Das gilt sogar für Motorradfahrer.

Wer schlecht sitzt, fährt auch schlecht.

Was beim Pferd der Sattel ist, das ist beim Motorrad die Sitzbank. Beide sind für die Bequemlichkeit des Reiters so maßgebend wie für seine Sicherheit. Für die Achtziger gilt wie für jedes Motorrad: Die Sitzbank sollte so breit wie möglich und im Interesse der Sozia allermindestens 60 Zentimeter lang sein. Eine weiche Polsterung lernt man spätestens dann schätzen, wenn man einmal mehr als hundert Kilometer am Stück fahren muß. Die Fußrasten sollten so angebracht sein, daß Ober- und Unterschenkel etwa im rechten Winkel zueinander stehen – das betrifft den Fahrer ebenso wie die Sozia. Für sie ist außerdem sehr wichtig (und darauf sollten Sie beim Kauf unbedingt achten), daß ihre Fußrasten nicht einfach an der Schwinge angebracht sind. Sonst werden nämlich die Füße der Beifahrerin, weil sie ja nicht auf einer gefederten Partie des Motorrads ruhen, bei jeder Unebenheit von den Rasten hochgeboxt. Wenn das arme Opfer dann beim ersten Halt wütend von der Sitzbank steigt, wissen Sie, was Sie falsch gemacht haben.
Ob eine Sitzposition gut oder schlecht, bequem oder unbequem ist, darüber entscheidet auch der Lenker. Er soll so geformt sein, daß Sie Hände und Arme ganz unverkrampft halten können – und zwar auch dann, wenn Sie den Gasdrehgriff oder die Handhebel bedienen. Die Lenkerbreite hat mit dem Sitzkomfort nicht unbedingt etwas zu tun. Ganz schmale Lenker oder gar Lenkerstummel sind allerdings nur für sportliches Fahren – und

für die entsprechende Show –, nicht aber für eine längere Tour geeignet. Für eine Straßenmaschine gilt, daß der Lenker etwa so breit sein sollte, wie der Fahrer von einer Schulter zur anderen mißt. Bei Geländemotorrädern dürfen es bis zu fünfzehn Zentimeter mehr sein. Kupplungs- und Handbremshebel sollten durch Verdrehen einstellbar sein. Sie müssen so eingerichtet werden, daß Ihre ausgestreckten Finger, wenn sie den Hebel berühren, mit dem Unterarm eine gerade Linie bilden.

Ihre Lebensversicherung: die Bremsen.

Bremsen können gar nicht gut genug sein. Ihre Wirkung muß – beim Motorrad besonders wichtig – fein dosiert werden können, sie dürfen den Fahrer auch bei hoher Beanspruchung und bei Nässe nicht im Stich lassen, und sie müssen natürlich für möglichst kurze Bremswege sorgen, ohne die Reifen gleich blockieren zu lassen. Achtziger, die für die Straße gedacht sind, haben im Vorderrad meist eine hydraulisch betätigte Scheibenbremse. Mit einer einzelnen ist prima auszukommen; eine Doppelscheibenbremse vorn, wie an vielen größeren Maschinen, ist an einem 80-km/h-Motorrad die reine Angeberei und kostet nur unnötig Geld. Mechanisch, also durch einen Seilzug mit dem Handhebel verbundene Scheibenbremsen haben sich nicht durchsetzen können. Dagegen wird die Trommelbremse, die Sie üblicherweise im Hinterrad eines Leichtkraftrads vorfinden, stets mechanisch – also per Seilzug oder Gestänge – zur Arbeit gebeten. Die Scheibenbremse hinten war einmal bei den hubraumstärkeren Motorrädern der letzte Schrei. Inzwischen kommt man aber wieder mehr und mehr davon ab: An dieser Stelle genügt nämlich die gute alte Trommelbremse, die zudem den Vorteil hat, auch bei der ärgsten Nässe noch ordentlich zu verzögern. Scheibenbremsen brauchen da stets eine kleine Gedankenpause, bis die Beläge das Wasser von der Bremsscheibe gestreift haben. Das ist zugleich der Grund dafür, daß an Maschinen, die fürs Gelände gedacht sind, nur Trommelbremsen – auch vorn – einen Sinn haben. Für eine Achtziger jedenfalls ist eine Scheibenbremse am Hinterrad der reine Luxus; so etwas sollten Sie nicht kaufen.

Ihr Kontakt zur Straße: Räder und Reifen.

Ob Speichenrad, Scheibenrad (wie bei Achtziger-Rollern), Gußrad oder Verbundrad – drehen tun sie sich alle. Was Sie wählen, ist Geschmackssache. Drahtspeichenräder brauchen etwas Aufmerksamkeit und Pflege, die anderen sind wartungsfrei; aber das muß Ihre Entscheidung nicht beeinflussen. Bei den Geländemaschinen haben sich die Drahtspeichen eisern gehalten, und auch dort, wo es um den nostalgischen Touch geht, sind sie noch unentbehrlich. Wichtiger als die Räder sind die Reifen. Die Entwickler haben inzwischen schon sehr viel getan, damit die schwarzen Gummiwürste, die schließlich den Kontakt zwischen Ihnen und der Fahrbahn herstellen, den speziellen Anforderungen des Motorrads genügen. Sie müssen vor allem rutschfest sein; die Lebensdauer kommt erst an zweiter Stelle, obwohl sie natürlich nicht ganz vernachlässigt werden darf. Straßenmotorräder haben Reifen mit Straßenprofil, also mit Längsrillen und relativ kleinen Gummiblöcken. Im Gelände kommt es dagegen auf guten Durchzug auf weichem Untergrund und auf schnelle Selbstreinigung der Lauffläche an, also findet man hier grobe Stollen mit weiten Zwischenräumen. Je nachdem, wie und wo Sie am meisten fahren, sollten Sie auch Ihre Reifenwahl treffen. Dabei müssen Sie sich aber streng an die Größen halten, die für Ihre Maschine erlaubt (und an Vorder- und Hinterrad fast immer unterschiedlich) sind: Sie finden sie in der Allgemeinen Betriebserlaubnis.

Mit dem Start der Leichtkrafträder hat es auch für den guten alten Motorroller ein Comeback gegeben. Zusätzlich zur weltbekannten Vespa haben neue Modelle den Markt belebt. Die kleinen Räder und die »Blechkarosserie« des Rollers sind Vorzug und Nachteil zugleich. Er ist wendig, bietet guten Schutz gegen Nässe von der Straße her und ist wegen des freien Durchstiegs bei den Damen besonders beliebt. Andererseits ist seine Fahrstabilität wegen der Mini-Räder geringer, und weil man ohne »Knieschluß« darauf sitzt, wie auf einem Stuhl, ist er auch nicht so feinfühlig zu beherrschen wie ein Motorrad. Auf dem Roller »wird man gefahren«, während man auf dem Motorrad mehr selber fährt: So könnte man den Unterschied am besten beschreiben. Daher hat der Achtziger-Roller auch seine besonderen Vorteile auf Kurzstrecke und im Stadtverkehr.

Wenn's funkt: die Elektrik.

Wie sähe die optimale elektrische Anlage für ein Kleinkraftrad aus? Zunächst einmal sollte die Bordspannung 12 Volt betragen. Sie müßte von einer ordentlichen Lichtmaschine von mindestens 100 Watt Leistung bereitgestellt werden. Eine kleine Batterie gehörte ebenso dazu wie ein ausreichend großer Scheinwerfer mit H4-Halogenlicht. Bremsleuchte (selbstverständlich vom Hand- ebenso wie vom Fußhebel betätigt) und vier Blinker sollten nicht fehlen, obwohl sie nicht vorgeschrieben sind, und am Heck der Maschine sollten zwei Glühlampen nebeneinander strahlen, damit Brems- und Rücklicht auch dann noch funktionsfähig sind, wenn einmal eine Birne durchbrennt. Die Zündung schließlich sollte elektronisch und kontaktlos arbeiten, also wartungsfrei sein.
Und wie ist es in der Praxis? Alle unsere Forderungen zugleich sind bisher noch von keiner Achtziger erfüllt worden. Viele Maschinen haben noch 6-Volt-Anlagen mit schwachen Lichtmagnetzündern und funzeligen Scheinwerfern, die das Fahren bei Nacht zum Glücksspiel machen. So sehr sich auch die Hersteller bemühen, ihre Kleinkrafträder wie große Maschinen aussehen zu lassen – an der Elektrik wird immer noch sträflich gespart, in der Hoffnung, der Käufer merke es nicht oder lege keinen so großen Wert darauf. Seien Sie klüger: Betrachten Sie die Aufzählung oben als Checkliste und vergeben Sie für jedes erwünschte Detail, wenn es vorhanden ist, einen Pluspunkt. Dann haben Sie schnell heraus, welche Achtziger in Sachen Elektrik die beste ist. Bedenken Sie dabei, daß immer noch der elektrische Kram den meisten Ärger macht, die meisten Pannen verursacht, die meiste Bastelei erfordert – dann natürlich, wenn man es gar nicht brauchen kann. Und daß die Beleuchtung enorm viel mit der Sicherheit zu tun hat. Ein Modell, das hier mehr bietet als andere, ist immer vorzuziehen – selbst wenn es vielleicht kleine Schwächen auf anderen Gebieten hat.

Was für welchen Zweck?

Pudel, Bernhardiner, Boxer – was ist der beste Hund? Das kommt ganz darauf an. Ähnlich ist es auch bei den Achtzigern. Hier gibt es ebenfalls verschiedene »Rassen«, nämlich mindestens vier. Man muß sie kennen, um für sich die richtige auswählen zu können.

1. *Straßenmaschinen.* Sie haben den klassischen Motorrad-Look, oft noch sportlich aufgewertet mit einer kleinen Frontverkleidung. Großer Tank, relativ schmaler Lenker, Doppelsitzbank, eine Scheibenbremse vorn und eher schmale Reifen, auch Guß- oder Verbundräder sind typische Merkmale.
2. *Chopper.* Sie orientieren sich an den Easy-Rider-Motorrädern, wie sie in Amerika berühmt geworden sind. Hierzulande erlaubt der TÜV nicht alles, was eigentlich dazugehört. Die »Soft-Chopper«, die dann noch übrig bleiben, zeichnen sich aus durch eine längere und etwas schräger gestellte Vordergabel, einen Hirschgeweih-Lenker à la Harley, einen kleinen, tropfenförmigen Tank, eine gestufte Sitzbank, meist Drahtspeichenräder und einen dickeren Hinterreifen.
3. *Enduros.* Das sind Maschinen, die für die Straße ebenso geeignet sein sollen wie für Ausflüge ins leichte Gelände. »Enduro« heißt Ausdauer – aber nicht jede Enduro-Achtziger ist wirklich robuster als eine Straßenmaschine. Äußerlich sieht diese Rasse aus wie die Geländemotorräder. Kennzeichen also: breiter und zusätzlich verstrebter Lenker, großes Vorderrad mit dünnem Reifen, kleineres Hinterrad mit breitem Reifen (jeweils mit Drahtspeichen und Stollenprofil fürs Gelände), schmaler Tank, Vorderkotflügel oft am Lenkkopf statt direkt über dem Rad befestigt, Trommelbremsen.
4. *Geländemaschinen.* Sie ähneln optisch den Enduros, haben aber höherwertige Vorder- und Hinterradaufhängungen, oft auch spezielle, leichtere und teurere Rahmen und meist nur eine Einzelsitzbank.

Welche ist nun für Sie die beste? Eine Straßenmaschine ist immer dann empfehlenswert, wenn man sich ganz überwiegend auf asphaltierter Fahrbahn bewegt und schon einmal eine weitere Strecke zurücklegen will. Auch wer viel mit Sozia fährt, sollte diese Bauart bevorzugen. Chopper sind meist eine tolle Schau, aber für den Kurzstreckenverkehr zur Disco besser geeignet als für größere Touren. Man sitzt nämlich nicht unbedingt so bequem darauf, wie es auf den ersten Blick scheint. Eine kurze Probe beim Händler genügt jedenfalls nicht, um die Macken der Sitzposition herauszufinden – die spürt man erst nach hundert Kilometern. Auch die Sozia ist nicht immer glücklich, daß sie höher als der Fahrer thront, selbst wenn sie von da eine bessere Aussicht hat. Der Chopper-Kauf ist also um so genauer zu überlegen, je ausgeprägter die Chopper-Merkmale der Maschine sind.
Enduros sind dagegen Allround-Motorräder, die vor allem für Anfänger ideal sind. Nicht nur, daß man mit ihnen recht gut im Gelände das Fahren üben kann. Ihre Handlichkeit ist auch im Stadtverkehr ein großer Vorteil, und ihre Off-road-Begabung ist im Winter, auf verschneiten Straßen, sehr nützlich. Weniger schön ist, daß der Enduro-Fahrer meist viel mehr Straßendreck abkriegt und daß diese Maschinen fürs Fahren zu zweit nicht ideal sind – die Sitzbank ist in der Regel zu kurz, um bequem zu sein, und die Fußrasten für die Sozia sind fast immer unkomfortabel an der Schwinge angebracht. Wer mit einer Enduro überwiegend auf der Straße fährt (und das sind die meisten), wird auch an manchen Modellen bemängeln, das sie »kürzer« übersetzt sind und so die 80 km/h nicht einmal erreichen. Echte Geländemaschinen sind außer für aktive Sportler nur für solche Fahrer sinnvoll, die wirklich viel abseits der Straße fahren. Andernfalls ist eine Enduro die bessere Wahl.
Bestimmte Fabrikate und Modelle wollen und können wir hier nicht empfehlen. Aber ein paar allgemeine Tips sollten Sie beherzigen. Wenn Sie – auch in Sachen Ersatzteilversorgung – ganz sicher gehen wollen, sollten Sie sich zunächst bei den einheimischen, also den deutschen Herstellern umsehen. Ihre österreichischen Kollegen verdienen das gleiche Vertrauen. Die Japaner haben große Anteile am Achtziger-Markt und bieten meist günstige Preise, doch kann es bei ihnen schon einmal zu Schwierigkeiten bei der Teilebeschaffung kommen. Von kleineren Marken – etwa aus Italien – ist nicht generell abzuraten: Wenn der Händler aktiv und zuverlässig ist, können solche »Exoten« ein guter Kauf sein. Das gilt auch für Angebote von Waren- und Versandhäusern, nur müssen Sie sich da genau nach den Service-Möglichkeiten erkundigen. Schon wenn Sie an den Wiederverkauf der Maschine denken, sollten Sie aber den Marken mit großem Marktanteil den Vorzug geben. Das gilt genauso, falls Sie eine gebrauchte Achtziger erstehen wollen.
Wenn Sie Ihr Leichtkraftrad mit sechzehn kaufen (oder gekauft bekommen) und schon sicher sind, daß Sie mit achtzehn auf ein größeres

Motorrad oder ins Auto umsteigen wollen, dann können Sie ruhig auch eine preisgünstigere Achtziger wählen. Zwei Jahre hält sie allemal aus und wird auch dann noch einen im Vergleich zum Neupreis angemessenen Erlös erzielen. Wollen Sie Ihre Maschine dagegen länger behalten, könnte es sich lohnen, für bessere Verarbeitung auch mehr Geld zu bezahlen. Zwar sind teurere Modelle nicht von vorneherein haltbarer, aber ein gewisser Zusammenhang besteht doch zwischen Preis und Fertigungsqualität. Kaufen sollten Sie übrigens im Winter: gebrauchte vor Weihnachten (da benötigen viele Leute jede Mark), neue besser im Januar, wenn die Geschäfte auf einem Tiefpunkt sind und die Händler über Rabatte mit sich reden lassen. Zum Verkaufen ist der Frühjahrs-Boom – März, April – am günstigsten.
Zugelassen zu werden braucht eine Achtziger nicht, das wissen Sie ja schon. Trotzdem muß bei der Zulassungsstelle ein amtliches Kennzeichen beantragt werden; beim Neukauf der Maschine macht das der Händler für Sie. Erfreulich ist, daß Sie für Ihr Leichtkraftrad keine Kraftfahrzeugsteuer zahlen müssen. Eine Haftpflichtversicherung ist dagegen Pflicht. Sie steht für die Schäden gerade, die Sie mit Ihrer Maschine möglicherweise anrichten. Anders als die Kleinkrafträder, die ihre eigene (und sehr teure) Versicherungsklasse hatten, sind die Achtziger von Anfang an in die kleinste Motorrad-Klasse (bis 10 PS) eingestuft worden. Hier sind die Tarife sehr günstig; wer sich genauer informiert, kann bei einzelnen Versicherungsgesellschaften sogar noch ein paar Mark sparen. Daß diese vorteilhafte Regelung nicht auf Dauer bestehen bleibt, läßt sich jetzt schon absehen. Die Unfallzahlen und die Schadenaufwendungen haben sich seit der Einführung der Leichtkrafträder so ungünstig entwickelt, daß wohl wieder eine eigene Versicherungsklasse für die Achtziger eingerichtet werden wird – mit viel höheren Prämien.
Nicht obligatorisch, aber empfehlenswert ist die Fahrzeugteil- oder Teilkaskoversicherung. Sie deckt Schäden durch Brand, Zusammenstöße mit Haarwild und Diebstahl (von Teilen oder der ganzen Maschine). Das größte Risiko ist der Diebstahl, und weil die Klauerei so in Blüte steht, sind die Teilkaskoprämien nicht gerade niedrig. Die Vollkaskoversicherung ersetzt jeden Schaden am Motorrad, das heißt auch den bei einem selbstverschuldeten Unfall, den sonst niemand bezahlen würde. Sie kostet aber eine ganze Stange Geld. Meist wird eine solche Versicherung vereinbart, wenn die Maschine auf Kredit gekauft worden ist und der Geldgeber eine möglichst hohe Sicherheit fordert. Eine unter Umständen sehr weitblickende Tat kann der Abschluß einer Insassen-Unfallversicherung sein. Sie ist für Motorräder aber erheblich teurer als für Autos.

Das Drum und Dran für Fahrer und Maschine

Mit dem Kaufen des Motorrads ist es nicht getan. Da keine Karosserie mitgeliefert wird, muß der Fahrer selbst für Wind- und Wetterschutz sorgen, das heißt zweckmäßige Bekleidung anschaffen. Oft hat er auch noch Zusatzwünsche für seine Maschine. Achtziger sind nun einmal Großserienprodukte, die sich ähneln wie ein Ei dem anderen. Wer sich vom Einerlei ein bißchen abheben oder gar richtig auffallen will, wird nach Möglichkeiten suchen, sein Motorrad »aufzumotzen«. Neben diesem mehr aus optischen Gründen gekauften Zubehör gibt es aber auch eine Menge praktische Sachen, die das tägliche Fahren angenehmer machen können. Allgemein gilt: Bekleidung und Zusatzkram für die Maschine müssen in erster Linie zweckmäßig sein. Wenn sie außerdem noch gut aussehen, um so besser. Und während bei den Anziehsachen niemand dreinredet, hat bei manchem Zubehör auch noch der TÜV ein Wörtchen zu sagen. Hier sollte man also erst nachdenken und dann kaufen.

Zieht euch warm an.

Gerade junge Fahrer machen sich über die richtige Motorradbekleidung oft nur wenig Gedanken. Wenn sie ihr erstes Leichtkraftrad kaufen, haben sie vorher meist nur ein Fahrrad oder ein Mofa benutzt. Da kommt man mit Jeans und Pulli oder T-Shirt noch ganz gut zurecht, obwohl eigentlich schon das Mofa gewisse Anforderungen ans Richtig-Anziehen stellt. Auf der Achtziger darf es aber keine Kompromisse mehr geben. Bei Tempo 80 transportiert der Fahrtwind – auch im Sommer! – soviel Wärme vom Körper weg, daß ein vernünftiger Anzug dringend anzuraten ist. Außerdem bietet feste Bekleidung auch einen gewissen Unfallschutz, und der ist bei Motorrädern noch wichtiger als bei dem nur 25 oder 40 km/h schnellen Kleinzeug.

Immer mehr Frauen fahren Motorrad – dieser Sport ist nicht nur Männersache, viele Damen beherrschen ihre Maschinen prima. Sie finden heute auch eher, was ihnen paßt: bequeme Soft-Chopper statt unkomfortabler Böcke mit Stummellenkern und harten Sitzbänken und hübsche modische Kleidung statt der früher oft abenteuerlichen Klamotten.

Ein Topf für den Kopf: der Schutzhelm.

Nummer 1 in der Bekleidungs-Hitliste ist der Helm. Ohne Schutzhelm dürfen Sie sich nicht aufs Leichtkraftrad setzen: Das steht schon so im Gesetz, aber Sie sollten es auch aus eigener Einsicht befolgen. Der Kopf ist nämlich nicht nur der wertvollste Teil des Motorradfahrers, die Kommandozentrale, er ist auch der am meisten gefährdete. Die Unfallstatistiken besagen eindeutig, daß Helm-Muffel mit hohem Risiko leben. Die Wahrscheinlichkeit, bei einem schweren Unfall getötet zu werden, ist mit Schutzhelm nur noch halb so groß wie ohne. Wenn Ihnen Ihr Hirnkasten also nur ein bißchen lieb ist, sollten Sie auch die kürzeste Strecke nicht ohne Helm zurücklegen. Dumme Sprüche von der Freiheit, die man auf dem Motorrad nur mit flatternden Haaren genießen könne, sollten Sie nicht beeindrucken. Hier geht es um Ihrem Kopf, und den brauchen Sie sogar noch, wenn Sie eines Tages vielleicht nicht mehr Motorradfahren wollen.

Welchen Helm Sie kaufen, ist dann fast schon eine zweitrangige Frage. Natürlich schützt ein Integralhelm am besten, weil er auch die Kinnpartie mit umschließt. Aber auch ein Jet-Helm ist immer noch hundertmal besser als gar keiner, und bei Sommerhitze oder zum Enduro-Fahren ist er dem Vollschutzhelm mit seiner schlechten Belüftung und der stärker eingeschränkten Sicht vorzuziehen. Der Helm sollte »saugend« auf dem Kopf sitzen, also nicht »mit Luft« hin- und herwackeln, aber auf keinen

Fall darf er drücken. Sind Sie Brillenträger, müssen Sie darauf achten, daß für die Brillenbügel seitlich Platz ist und daß auch genug Abstand zum Visier bleibt. Ein Ersatzvisier sollten Sie gleich mitkaufen: Der Kunststoff zerkratzt schnell, und dann wird die Helmscheibe zumindest für Nachtfahrten unbrauchbar. Wenn Sie sich bei der Auswahl Ihres Helms an die großen, jedem bekannten Marken halten, kann nicht viel schiefgehen. Leider gibt es noch keine einheitlichen Prüfnormen für Schutzhelme. So ist es gut, wenn die Sorte, die Sie kaufen wollen, möglichst vielen Vorschriften genügt. Welchen, das ist meist innen in der Helmpolsterung abgedruckt. Tests in Fachzeitschriften oder Verbrauchermagazinen können zusätzliche Entscheidungshilfe geben. Die teureren Fiberglas-Helme bieten, wenn sie sorgfältig hergestellt wurden, ein Optimum an Sicherheit. Aber auch die üblichen Kunststoff-Ausführungen erfüllen ihren Zweck. Sie sind aber empfindlich gegen Lösungsmittel und Lacke. Also nicht mit der Farbsprühdose den Helm verschönern – seine Festigkeit kann dabei zum Teufel gehen. Inzwischen gibt es allerdings schon spezielle Lacke, die den Kunststoff nicht weich machen. Zum Jet-Helm gehört eine Brille anstelle des Visiers. Wenn Sie hier etwas Anständiges anschaffen wollen, dann wählen Sie keinen Plastik-Kram nach Skibrillen-Art, sondern kaufen eine ordentliche Motorradbrille mit Scheiben aus Sicherheitsglas. Den Helm am besten zur Brillen-Anprobe mitnehmen!

Ehrbares Hand-Werk: die Handschuhe.

Nummer 2 der Hitliste: die Handschuhe. Sie sind genauso unerläßlich wie der Helm, denn Ihre Hände verdienen den gleichen Schutz wie Ihr Kopf. Schon der kleinste Ausrutscher kann zu bösen Schürfwunden führen, die sehr weh tun und lange zum Heilen brauchen. Daher sollten Sie auch im heißesten Sommer nie ohne Handschuhe unterwegs sein. Erst recht gilt das, wenn es draußen kälter ist. Wegen ihrer großen Hautoberfläche kühlen die Finger nämlich im Fahrtwind sehr rasch aus, werden klamm und steif. Und da Sie Ihre Hände schließlich zum Bedienen des Motorrads brauchen, gehen Sie mit unterkühlten Greifwerkzeugen ein hohes Sicherheitsrisiko ein. Sie benötigen also streng genommen zwei Paar Handschuhe: leichte ungefütterte für den Sommer und warme für Herbst, Frühjahr und Winter. Fingerhandschuhe sollten es in jedem Fall sein, denn nur sie ermöglichen den richtigen Umgang mit Hebeln und Schaltern; dafür isolieren sie nicht so gut gegen Kälte wie Fäustlinge. Leder ist das beste Material (erfordert aber einige Pflege), doch auch ein ordentlich verarbeiteter Kunststoff-Handschuh ist immer noch besser als die blanke Haut. Zum Überziehen bei Regen gibt es wasserdichte Modelle aus dünnem Kunststoff, die sich ganz klein zusammenfalten lassen.

Es geht um Ihren Hals: Tuch oder Schal.

Nummer 3 der Hitliste: der Schal. Zu den empfindlichsten Körperpartien gehört der Hals. Kälte mag er gar nicht, und im Sommer muß man ihn davor schützen, unfreiwilliger Landeplatz für Wespen und Hornissen zu werden. So sollten Sie also stets zumindest ein leichtes Tuch tragen. Besser ist ein längerer Schal, den Sie freilich von vorn nach hinten um den Hals legen sollten, also anders als normalerweise unter Mantel oder Jacke, damit er zum Fahrwind hin geschlossen ist. Für den Winter sollte er so breit sein, daß Sie Kinn und Mund mit einwickeln können. Noch empfehlenswerter ist dann freilich eine sogenannte Sturmhaube aus dünner Seide oder Kunstfasergewebe, die nur die Augenpartie frei läßt und unter dem Sturzhelm getragen wird. Sie sollte möglichst bis zum Schulteransatz reichen. Wichtig ist ein Schal auch bei Regen. Er fängt die Nässe auf, bevor sie Ihnen den Hals und die Brust hinunterrinnen kann.

Fußgeld: die Stiefel.

Mofa-Fahren kann man zur Not noch in Turnschuhen. Aber auf Ihrer Achtziger, einem richtigen Motorrad also, müssen Sie auch ein paar Zwanzigmarkscheine für die Füße ausgeben. Spezielle Stiefel sind ratsam, weil die Verhältnisse beim Zweiradfahren ebenfalls speziell sind. So sollten die Schäfte einen Reißverschluß haben, der regensicher seitlich oder hinten liegt, zusätzliche Schnallen sollten die Anpassung an den Wadenumfang ermöglichen, und eine Lederverstärkung auf der Kappe des linken Stiefels sollte dafür sorgen, daß nicht der Schalthebel das Übermaterial schnell durchwetzt. Schon fürs ganzjährige Fahren ist ein etwas derberes Modell dünnen Rennstiefelchen vorzuziehen; vielschnallige Cross-Stiefel wären aber auch wieder übertrieben. Aus Leder sollte das Schuhwerk in jedem Fall sein: Das heißt allerdings, daß Sie um Pflegearbeiten nicht herumkommen. Eine gewisse Wasserdichtigkeit läßt sich durch regelmäßiges Einfetten erreichen. Gegen Dauerregen helfen aber nur Überziehstiefel aus Gummi oder Kunststoff.

Überzug gegen Durchzug: der Anzug.

Wenn es im Sommer knallheiß ist, kann man natürlich auch mal mit Jeans Motorrad fahren. Aber an mindestens 300 Tagen im Jahr ist es zu kalt dafür. Die blauen Baumwollhosen können auch – ebenso wie ein Hemd mit kurzen Ärmeln – keinen Schutz bieten, wenn Sie wider Erwarten einmal unfreiwillig von der Maschine »absteigen«. Sie sollten also doch in einen richtigen Motorradanzug investieren – um so mehr, als Sie ja vielleicht mit achtzehn den unbeschränkten Führerschein 1 erwerben und mit dem Motorradfahren weitermachen wollen. Teuerstes Material ist natürlich Leder. Es schützt gut, wärmt aber wenig und erfordert einige Pflege. In Konkurrenz dazu gibt es allerhand aus Kunststoff, sogar speziell entwickelte mehrlagige Stoffe mit großer Abriebfestigkeit im Falle eines Sturzes. Vor dem Kauf sollten Sie sich aber unbedingt nach der Unfallsicherheit des jeweiligen Kunststoffs erkundigen. Motorradanzüge sind entweder einteilige Kombis oder in Jacke und Hose getrennt. Einen guten Kompromiß ermöglicht ein Reißverschluß, der Beinkleider und Oberteil miteinander verbindet, aber erlaubt, daß man die Jacke auch einzeln ausziehen kann. Bei zweiteiligen Anzügen muß die Jacke jeden-

Richtig angezogen fährt man doppelt so sicher. Der junge Mann links trägt einen wasserdichten Regenanzug, vernünftigerweise in Orange, das bei trübem Wetter am besten wahrgenommen wird. In einem warmen, ebenfalls weitgehend wasserundurchlässigen Nylonanzug steckt die sportliche Dame in der Mitte. Der Fahrer mit dem Integralhelm rechts bevorzugt Leder. Aber er hätte sich besser nicht eine so dunkle Kombi gekauft: Der schmale Ärmelstreifen und der grellfarbige Helm reichen fürs sichere Gesehenwerden nicht immer aus.

falls so lang sein, daß auch bei geducktem Sitzen auf dem Motorrad hinten keine »Pause« entsteht. Zugluft trifft hier sonst die empfindliche Nierengegend, Ihre Gesundheit wäre in Gefahr. Die Ärmel sollten lang genug und die Hosenbeine so weit sein, daß Sie sie auch über dem Stiefelschaft tragen können: Das ist wichtig bei Regen, weil Ihnen dann nicht das Wasser in die Schuhe laufen kann. Lederanzüge sollten im Rücken, an den Knien und Ellbogen elastische Teile eingearbeitet haben, damit sie bei der typischen »geknickten« Motorradfahrerhaltung nicht zwicken und auch nicht nach längerem Gebrauch unschön ausbeuteln.
Wenn Sie aber unter dem Motorradzeug normale Sachen tragen wollen, weil Sie nicht in der Schule oder am Arbeitsplatz im Fahrdreß herumlaufen wollen, sollten Sie einen Anzug kaufen, der sich über die üblichen Überbekleidung tragen läßt. Auch das gibt es, wenn auch nicht in reicher Auswahl. Für nasses Wetter empfehlen sich Regenanzüge aus wasserundurchlässigem Material, die man über dem Motorradanzug trägt. In Einteiler ist schwieriger einzusteigen, dafür halten sie besser dicht; bei Zweiteilern ist auf besonders weite Überlappung von Jacke und Hose zu achten. Kritischer Punkt ist der Schritt: Hier kann, vom Fahrtwind zusätzlich hereingedrückt, Regenwasser unangenehm eindringen, das von Ihrem Oberkörper und vom Tank abläuft. An dieser Stelle müssen also die besonders gefährdeten Nähte absolut dicht verklebt sein. Die Ärmel des Regenanzugs sollten weit genug sein, um über die Handschuhstulpen zu passen, und vorn mit einem Gummizug abgeschlossen sein. Der Jacken-Reißverschluß muß unter einem breiten, zusätzlich geknöpften Übertritt versteckt sein.

Alle Jahre wieder: Winterkleidung.

Der Trick, im Winter warm zu bleiben, besteht nicht darin, daß man möglichst viele Sachen übereinander anzieht. Wichtiger ist, daß zwischen den »Zwiebelschalen« isolierende Luftschichten sind. Daher sollten Sie, wenn es kalt ist, keine enganliegenden Jacken oder Hosen tragen, sondern lieber etwas Fülligeres. Besonderen Schutz brauchen die mittleren Regionen des Körpers – nicht nur die Nieren, aber auch sie. Daher sollten Sie sich »von unten her« warm anziehen: Die manchmal belächelte lange Unterhose ist dafür prima geeignet, noch besser spezielles Ski-Unterzeug, das Kälte abhält, ohne sehr aufzutragen. Ein Nierengürtel außen über der Jacke bewährt sich bei Temperaturen nahe dem Gefrierpunkt ebenfalls gut. Gefütterte Handschuhe und warme Socken sind um so angenehmer, je länger Ihre Fahrt dauert. Denken Sie aber immer daran, daß man sich schon auf einer kurzen Strecke herzhaft erkälten kann, wenn man allzu großzügig über bewährte Anzieh-Regeln hinweggeht.

Auch ist die Fahrsicherheit gerade im Winter eine Frage der Kondition – und die ist abhängig vom Wohlbefinden des Fahrers. Wer friert, macht mehr Fehler als einer, der warm in richtigen Kleidern steckt.

Farbe bekennen: Orange ist am besten.

Wenn Sie sich Sachen zum Anziehen kaufen, sollten Sie nicht eine x-beliebige Farbe wählen. Etwas Olivgrünes wie eine Bundeswehr-Parka zum Beispiel mag praktisch sein, wenn man im Wald Tiere beobachten will; auf der Straße, wo Sie sich mit Ihrem Motorrad zwischen hunderten von Autos bewegen müssen, ist eine solche Tarnfarbe höchst gefährlich. Um nicht übersehen zu werden (das ist gerade für Zweiradfahrer eine wichtige Unfallursache), müssen Sie gut erkennbar sein, und das sind Sie, wenn Sie sich mit hellen oder besser Schockfarben anziehen. Zumindest Helm, Handschuhe und Nierengürtel sollten Sie daher in Orange kaufen – denn Orange ist die auffälligste Farbe, die es gibt. Aber auch gelb und weiß sind immer noch besser als grau, dunkelbraun, lodengrün oder gar schwarz. Je mehr Orange Sie spazierenfahren, um so sicherer sind Sie. In der Regel kostet ein Anzug nicht mehr, wenn Sie ihn in einer schönen Schockfarbe kaufen – und schon an der nächsten Kreuzung kann er Ihnen vielleicht das Leben retten.

Aufrüstung: Zubehör für die Maschine.

Mancher glaubt, sein Motorrad sei erst wirklich »sein« Motorrad, wenn es anders aussieht als serienmäßig, wenn es unverwechselbar geworden ist. Dagegen ist nichts zu sagen – nur müssen Sie, wenn Sie ihre Maschine in diesem Sinn aufrüsten wollen, bei bestimmten Dingen aufpassen, damit Sie sich nicht in den Schlingen des Gesetzes und des TÜV verheddern. Mit der Lacksprühdose zum Beispiel dürfen Sie jederzeit an Ihr Fahrzeug herangehen – nur das fluoreszierende Rot ist tabu, weil es der Feuerwehr und anderen eiligen Straßenbenutzern zusteht. Anders, wenn Sie an der Beleuchtungsanlage etwas verändern wollen. Alle »lichttechnischen Anlagen« brauchen zum Beispiel eine Allgemeine Bauartgenehmigung; sie ist mit einem Prüfzeichen (Wellenlinie mit Buchstaben- und Zahlenkombination oder Kreis mit einem Buchstaben und einer Zahl) am Zubehörteil selbst vermerkt. Andere Extras müssen, sofern sie den in der Allgemeinen Betriebserlaubnis beschriebenen Zustand Ihres Motorrads verändern, ebenfalls ihre eigene Betriebserlaubnis haben oder statt dessen zumindest eine Prüfbescheinigung des TÜV. Erst diese Papiere ermöglichen Ihnen die Eintragung des Zubehörteils und damit das Fortbestehen der Betriebserlaubnis für Ihr Fahrzeug. Teile, die Sie ohne Neueintragung nicht gegen andere austauschen können, sind zum Beispiel der Lenker, der Tank, die Getriebe- und Hinterradübersetzung, der Rahmen, die Vorderradgabel, die Bremsen, die Felgen und die Reifen (meist ist nur die Dimension vorgeschrieben, in Ausnahmefällen auch das Fabrikat und der Typ), die Auspuffanlage und nicht zuletzt der Motor. Hier dürfen Sie also nur ein gleichartiges Ersatzteil einbauen – andernfalls ist der Gang zum TÜV fällig. Damit Sie nicht erst zu spät merken, daß Sie eine Änderung dort nicht »durchbekommen«, sollten Sie sich entweder vom Händler eine Kopie der Betriebserlaubnis/Prüfbescheinigung mitgeben lassen oder beim Hersteller des Motorrads (oder beim Importeur) nach einer Unbedenklichkeitserklärung fragen.

Nun zu einzelnen Zubehörteilen.

Reifen: Gerade beim Motorrad ist der Reifen mehr als nur schwarz und rund. Er ist entscheidend für Ihre Sicherheit. Daher sollten Sie die Reifen spätestens wechseln, wenn sie nur noch zwei Millimeter Profiltiefe haben. Montieren dürfen Sie nur die Reifengrößen, die in der Betriebserlaubnis Ihrer Maschine angegeben sind. Sie können aber, wenn Sie das wollen, Reifen einer höheren Geschwindigkeitsklasse wählen (zum Beispiel S-Reifen, erlaubt bis 180 km/h, statt der serienmäßigen Leichtkraftradreifen), wenn nur die Größe stimmt.
Verkleidung: Verkleidungen gehören zu den beliebtesten Anbauteilen auch für Achtziger. Nicht alle Fahrer mögen sie, viele lassen sich lieber den Wind ungehindert um den Helm wehen. Eine gute Verkleidung hält nicht nur Winddruck und Kaltluft vom Körper fern, sie kann auch bei einem Sturz Hand- und Beinverletzungen vermeiden helfen. Es kommt aber darauf an, daß sie aerodynamisch günstig gestaltet, aus dem richtigen Material (meist glasfaserverstärkter Kunststoff) gefertigt und solid befestigt ist. Wenn Sie eine Verkleidung haben wollen: Kaufen Sie nur, wenn sie für Ihre Maschine eine Allgemeine Betriebserlaubnis hat. Das muß Ihnen der Hersteller bescheinigen. Andernfalls ist eine teure Einzelabnahme beim TÜV fällig.
Zusatzinstrumente: Die meisten Achtziger haben neben dem (vorgeschriebenen) Tachometer auch einen Drehzahlmesser. Wenn nicht, ist er meist mühelos nachrüstbar, weil er bei teureren Modellen des gleichen Herstellers gewiß serienmäßig vorgesehen ist. Da Leichtkrafträder bis heute sämtlich Zweitakter sind, gibt es keinen Bedarf für Öldruckmesser oder Ölthermometer. Nachträglich anzubauen sind allenfalls ein Gerät, das die Temperatur an der Motoraußenseite (Zylinder oder Zylinderkopf)

mißt, eine Zeituhr – die aber nur, wenn das Motorrad eine Batterie hat – oder ein Voltmeter, das Auskunft über die Höhe der Spannung im Bordnetz gibt. Lebensnotwendig ist das alles nicht, aber es kann gut aussehen. Wassergekühlte Motoren haben schon von Haus aus ein Kühlmittelthermometer oder eine Warnleuchte für Überhitzung, da braucht nachträglich nichts angebracht zu werden. Mit Zusatzinstrumenten brauchen Sie in keinem Fall zum TÜV zu fahren.
Zusatzscheinwerfer: Erlaubt sind höchstens eine Nebelleuchte und ein Weitstrahler zusätzlich zum serienmäßigen Scheinwerfer. Aber Achtziger haben selten die dafür nötige elektrische Leistung. Ist Ihr Motorrad mit einer Lichtmagnetzündanlage ausgestattet, können Sie überhaupt keine Zusatzbeleuchtung anbringen – der produzierte Strom ist nämlich schon restlos verteilt. Haben Sie dagegen in Ihrem Fahrzeug eine Drehstrom-Lichtmaschine wie bei größeren Motorrädern, kommt es auf deren Leistung an, ob Sie sich noch weitere Stromverbraucher erlauben können. Meist ist der Überschuß nur gering. Wir raten Ihnen daher von Zusatzleuchten ab. Sollte aber Ihre Achtziger mit einer Drehstrom-Lichtmaschine, doch nicht mit einem Scheinwerfer mit H4-Halogenlicht ausgerüstet sein, lohnt es sich sehr, den entsprechenden Reflektor nebst Glühlampe nachträglich einzubauen.
Chopper-Zutaten: Hier sind die Möglichkeiten sehr begrenzt. Hochlenker, breiter Hinterreifen, Stufensitzbank mit Rückenlehne für die Sozia – alles muß erst vom TÜV erlaubt und abgenommen werden. Unser Rat: Bauen Sie nicht um, sondern kaufen Sie sich gleich einen Soft-Chopper.

Wohin mit dem Gepäck?

Der beste Platz für Gepäck ist auf dem Tank. Besorgen Sie sich daher zunächst einen möglichst großen Tankrucksack, der natürlich in seinen Abmessungen zum Tank Ihrer Maschine passen muß. Er sollte aus wasserfestem Stoff gemacht und mit soliden Riemen zum Festschnallen versehen sein. Beim Fahren stört er überhaupt nicht; er hält sogar, wenn es kalt ist, eine Menge Fahrtwind von edlen Körperteilen ab. In den Tankrucksack stecken Sie die schweren Gegenstände Ihres Reisegepäcks, denn an diesem Platz wirken sie sich am wenigsten auf die Fahrsicherheit aus. Außerdem gehören die Dinge hinein, die Sie schnell zur Hand haben wollen. Reicht das Volumen des Tankrucksacks nicht aus, können Sie (wenn nicht schon serienmäßig vorgesehen) einen Gepäckträger am Heck montieren. Laden Sie aber dort nichts Gewichtiges auf, denn jedes Kilogramm erleichtert nach dem Hebelgesetz die Vorderpartie und verschlechtert die Lenkeigenschaften des Motorrads. Große, seitlich vom Hinterrad angebrachte Koffer wie für schwerere Maschinen gibt es für die Achtziger nicht, sie wären hier auch nicht das Wahre. Dafür kann man kleinere Packtaschen bekommen, in die allerdings nicht viel hineingeht und die oft auch nicht ausreichend wasserdicht sind – also alles zusätzlich in Plastikfolie wickeln. Auch in solche Taschen dürfen keine schweren Sachen geladen werden, das Gewicht sollte zudem auf beiden Seiten etwa gleich sein. Über dem Vorderrad oder gar an der Vorderradgabel dürfen Sie niemals Gepäckstücke befestigen, wenn Ihnen Ihr Leben lieb ist.

Früh geübt ist besser als zu spät bereut

Kein Meister fällt vom Himmel.

Toni Mang, der mehrfache Weltmeister, gehört zu den Spitzenkönnern auf dem Motorrad. Das wird kaum jemand in Zweifel ziehen. Was hält dieses As auf zwei Rädern für die wichtigsten Voraussetzungen, um ein guter Motorradfahrer zu werden? Einer der Autoren dieses Buches hat ihn danach gefragt. Um ein Motorrad wirklich gut und sicher zu beherrschen, ist nach Tonis Meinung zweierlei besonders notwendig.

1. Spezielle Langsamfahr-Übungen muß man so lange trainieren, bis sie einwandfrei klappen. Und erst dann, wenn man die Maschine im Langsamfahrbereich perfekt beherrscht, sollte man vom Übungsplatz auf die öffentliche Straße gehen.
2. Auf der Straße sollte sich ein Anfänger nur in kleinen Schritten mehr zumuten und sich besonders mit seiner Fahrgeschwindigkeit ganz vorsichtig an Grenzwerte herantasten. Wer es anders tut, fällt dabei irgendwann einmal auf die Nase. Aus eigener Erfahrung kann sogar Toni das nur bestätigen.

Sie sehen, daß auch große Meister nicht vom Himmel fallen. Nur durch ständiges systematisches Üben – und ohne dabei die eigenen oder die physikalischen Grenzen zu überschreiten – werden Sie Spitzenkönner.

Was und wo üben – praxiserprobte Trainingstips.

Erste Voraussetzung für gutes Motorradfahren ist also die sichere Beherrschung der Maschine. Auf dem Weg dorthin können die nachfolgenden Übungen Wunder wirken – vorausgesetzt, sie werden so lange wiederholt, bis sie im Schlaf »sitzen«. Gelegenheiten und Stellen, wo

Was man beim Fahren im Gelände lernt, kann man auch auf der Straße immer gebrauchen. Auch Motorrad-Weltmeister Toni Mang hat sich einen wichtigen Teil seines Fahrkönnens auf seiner Geländemaschine geholt. Das sollten Sie ihm nachmachen – natürlich nur dort, wo das Fahren abseits der Straßen auch erlaubt ist.

diese Übungen gefahrlos ausgeführt werden können, findet man überall, wenn man sich darum bemüht. Das kann ein freier Parkplatz sein oder eine ruhige, übersichtliche Nebenstraße. Aber auch ausgediente Steinbrüche oder, wenn vorhanden, Übungsplätze des ADAC und der Verkehrswacht sind brauchbares Lern-Gelände.

1. Übung – Bordsteinklettern. Lernziel ist dabei das ruckartige Finden des Schleifpunktes der Kupplung: eine wichtige Vorübung für das Anfahren am Berg oder in ähnlichen Situationen. Wie auf dem Bild zu sehen, steht das Motorrad rechtwinklig vor einem 6 bis 12 Zentimeter hohen Randstein (ein Ziegel erfüllt den gleichen Zweck) und berührt ihn mit dem Vorderrad. Die Füße des Fahrers bleiben auf dem Boden. Mit ausreichend hoher, aber unveränderter Drehzahl soll er nun durch feinfühliges Bedienen der Kupplung den Randstein mit dem Vorderrad erklettern und oben sofort zum Stehen kommen, ohne dabei die Bremse zu benutzen. Nach Möglichkeit sollte das Klettern an verschieden hohen Bordsteinen geübt werden. Die unterschiedlichen Höhen verändern den Widerstand, den das Vorderrad überwinden muß. Man wird dadurch gezwungen, Drehzahl und ruckartiges Kupplungsspiel der jeweiligen Bordsteinhöhe anzupassen. Diese Übung kann mit dem Hinterrad fortgesetzt werden.

2. Übung – Stop and go. Hier geht es um den ständigen Wechsel zwischen Anhalten und Anfahren. Man bringt das Motorrad kurz zum völligen Stillstand und fährt sofort wieder an: Stillstand-Weiterfahren, Stillstand-Weiterfahren. Die Füße bleiben dabei ständig auf den Fußrasten, die Knie liegen fest am Tank. In dichtem Straßenverkehr ist das Beherrschen dieser Fahrweise unerläßlich, besonders wenn sich bei Verkehrsstockungen Kolonnen gebildet haben, die sich langsam fortbewegen. Man lernt dabei das Gas richtig zu dosieren, ohne daß der Motor abgewürgt wird oder das Vorderrad durch zuviel Gas hochkommt.

3. Übung – Langsam fahren in der Spurgasse. Es wird (auf einem Parkplatz oder in einer ruhigen Nebenstraße) eine etwa ein Meter breite und 10 bis 20 Meter lange Spurgasse mit Kreide aufgezeichnet oder durch abgerolltes (und mit kleinen Steinen beschwertes) Toilettenpapier abgegrenzt. Die Fahrbahn sollte eben sein oder leicht ansteigen. Die Füße fest auf den Rasten, soll der Fahrer nun die Gasse mit schleifender Kupplung möglichst langsam durchfahren. Richtwert ist dabei je Meter mindestens 1,5 Sekunden Fahrzeit. Nach Berühren oder Überfahren der Begrenzung sollte sofort wieder neu begonnen werden. Die Übung so oft wiederholen, bis man in der Lage ist, mehrmals hintereinander die Spurgasse nach den vorgegebenen Richtwerten und ohne Beanstandungen zu durchfahren. Die Übung hilft Angst und Unsicherheit im Langsamfahrbereich abzubauen. Außerdem lernt man dabei das Balancieren.

4. Übung – Wedeln. Im Gegensatz zum echten Slalom sind beim Wedeln gleichbleibende Intervalle im rhythmischen Schwingen wichtig. Man soll bei dieser Übung die Schräglage des kurvenfahrenden Zweirads als etwas Notwendiges und Selbstverständliches kennenlernen. Üben Sie mit zunehmend höherer Geschwindigkeit und größerer Schräglage. Ob eingekuppelt oder mit schleifender Kupplung gefahren wird, ist nicht bedeutsam. Auch auf die gefahrenen Zeiten sollte kein Wert gelegt werden. Wichtig ist die Schräglage. Mit den Wedelübungen wird die Angst vor der Schräglage abgebaut, und das ist äußerst wichtig für das Kurvenfahren, Abbiegen oder Ausweichen vor Hindernissen. Später sollten Sie

einen Slalom-Parcours mit Plastikflaschen, Kunststoffwürfeln oder ähnlich flexiblen Gegenständen abstecken. Der Abstand zwischen den Markierungen sollte etwa 6 bis 8 Meter betragen, und auch hier sollten Sie beim Durchfahren den Schwierigkeitsgrad nur allmählich erhöhen.

5. Übung – Anfahren am Berg. Das Anfahren am Berg macht Anfängern mit dem Motorrad, besonders mit schweren Maschinen, häufig Schwierigkeiten. Folgende Einzelphasen des Anfahrvorgangs sollten geübt werden:

1. Mit gezogener Kupplung und Handbremse den Leerlauf suchen und ersten Gang einlegen. Das rechte Bein ist dabei am Boden.
2. Nun Standbein wechseln und die Fußbremse treten. Danach Handbremse lösen, um Gas geben zu können. Kupplung bis zum Schleifpunkt kommenlassen und unter gleichzeitigem Lösen der Fußbremse langsam anfahren. Durch die Übung kann man sich ohne störenden Straßenverkehr und in aller Ruhe die einzelnen Phasen des Anfahrens am Berg einprägen. Wer es beherrscht, kommt dann nicht mehr so leicht in Schwierigkeiten, wenn er etwa an einer Stoppstelle bergauf anhalten und wieder anfahren muß oder wenn eine Fahrzeugkolonne auf ansteigender Strecke ins Stocken gerät.

6. Übung – Fahren im leichten Gelände. Lernziel ist dabei die Gewöhnung an Bodenwellen und rutschigen Untergrund. Was man beim Motorradfahren im leichten Gelände lernt, ist auf der Straße immer von Nutzen. Man bekommt dabei ein Gefühl für die Masse und die Schwerpunktlage des Motorrads, und man beurteilt feinfühlig, wie die Maschine auf

Gewichtsverlagerung beschleunigend und verzögernd reagiert. Es sollte geübt werden a) einen niedrigen Graben oder Bodenwellen in den Rasten stehend zu durchqueren, b) auf unebenem, schlüpfrigem Untergrund zu fahren, ohne die Füße von den Rasten zu nehmen. Darauf achten, daß die Knie auch dann am Tank bleiben, wenn man in den Rasten stehend fährt.
Es gibt kaum ein Risiko dabei; selbst wenn man einmal aus der Balance kommt, fällt man in der Regel weich. Übungen im Gelände, besonders auch am Schräghang, zahlen sich beim Straßenfahren aus, falls man zum Beispiel auf einer gewölbten Fahrbahn an die schräge Kante ausweichen muß oder im Winter, wenn festgefahrener Schnee oft starke Straßenunebenheiten bewirkt.

7. Übung – Achterfahren und Riesenachter im Wechsel auf Vollkreisfahren. Beim Achterfahren kommt es darauf an, auf begrenztem Raum exakte Bogen zu fahren, ohne das Tempo zu ändern und die Übersicht zu vernachlässigen. Es ist eine bewährte Übung zur Verbesserung der Fahrzeugbeherrschung. So wie hier auf der Grafik dargestellt, sollten Sie den Achter in einer etwas langgestreckten Form fahren; dazwischen haben Sie gerade Strecken, auf denen Sie beschleunigen können, aber anschließend auch wieder bremsen müssen. Nach einer kurzen Gewöhnungszeit sollten Sie nach jeder Spurveränderung nach hinten schauen – als Übung für die Straßenfahrt, bei der Sie ja auch häufig gezwungen sind, Ihre Spur zu wechseln.
Der Riesenachter kann nur auf einem größeren Parkplatz ausgeführt werden, weil dazu eine höhere Geschwindigkeit erforderlich ist. Fahren Sie

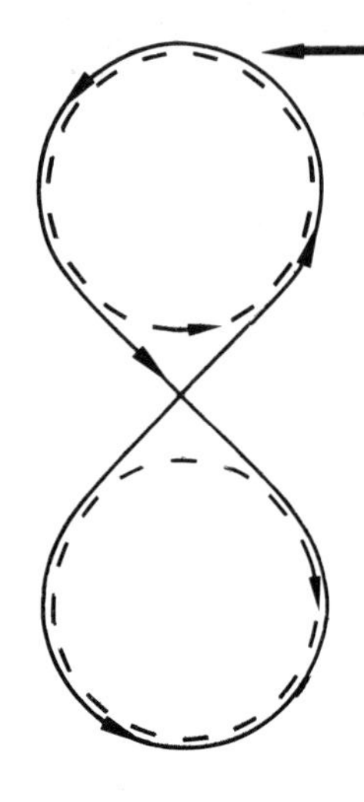

die Achterfigur, wie auf dem Bild dargestellt, mit dem Linksbogen beginnend voll durch. Und wenn Sie an der gleichen Stelle wieder angekommen sind, wo Sie angefangen haben, fahren Sie anschließend nach links zweimal einen Vollkreis. Dann gehen Sie wieder in die Achterfahrt über, und nach zweimaligem Durchfahren des Achterparcours fahren Sie anschließend zweimal einen Vollkreis nach rechts. In dieser Reihenfolge sollten Sie die Übung möglichst häufig wiederholen. Auch hierbei ist es wichtig, allmählich die Geschwindigkeit zu erhöhen. Genau wie bei der Wedelübung und beim Slalom wird beim Riesenachter mit nachfolgendem Vollkreisfahren die Angst vor der Schräglage abgebaut. Außerdem wird im ständigen Wechsel das Fahren von Links- und Rechtskurven geübt.

8. Übung – Spirale. Es wird ein Kreis von etwa 10 Meter Durchmesser mit Kreide markiert. Man fährt dann in immer enger werdenden Bogen spiralförmig in Richtung Mittelpunkt. Ist keine engere Kreisbahn mehr möglich, wird ohne anzuhalten wieder spiralförmig mit größer werdendem Radius nach außen gestrebt. Diese Übung erfordert vom Fahrer ein hohes Maß an Balance während der Schrägfahrt, wie es in Kurven und besonders für Ausweichmanöver besonders wichtig ist.

9. Übung – Ausgelenkter Bremshaken. Eine altbewährte Fahrschulübung, die Sie aber auch als Führerscheininhaber so oft wie möglich wiederholen sollten. Wie auf dem Foto wird ein etwa zwei Meter breites Hindernis aus Pylonen oder Plastikflaschen aufgestellt. Etwa 7 bis 8 Meter nach diesem Hindernis wird, etwa einen Meter nach innen gerückt, ein weiterer Pylon aufgestellt. Aus etwa 30 bis 40 Meter Entfernung bringt der Fahrer das Motorrad auf eine höhere Geschwindigkeit und leitet dann vor dem Hindernis eine Vollbremsung ein. Mit zunehmender Perfektion wird in immer kürzerem Abstand vor dem Hindernis die Bremse gelöst und ein Ausweichhaken gefahren. Nach dem Ausweichen wird die Maschine wieder aufgerichtet, im schnellen Wechsel nach rechts wieder in Schräglage gebracht und an dem einzelnen Pylon rechts vorbeigelenkt. Bei plötzlich auftauchenden Hindernissen, vor denen man bei der gegebenen Geschwindigkeit nicht mehr anhalten kann, sondern ausweichen muß, kann das Beherrschen des Bremshakens lebensrettend sein.

10. Übung – Anschieben. Bei jedem Motorrad kann es vorkommen, daß man es einmal anschieben muß. Die sicherste Methode ist, sich von einem Helfer in Schwung bringen zu lassen. Dabei legt man den zweiten oder dritten Gang ein, läßt sich mit gezogener Kupplung und eingeschalteter Zündung auf eine möglichst hohe Geschwindigkeit bringen und kuppelt dann ein. Ist kein Helfer in der Nähe, muß man es selber versuchen. Es gibt dafür zwei Methoden.

1. Unter den gleichen Voraussetzungen wie schon beschrieben (Zündung eingeschaltet, Gang eingelegt, Kupplung gezogen) wird die Maschine durch Schieben auf Tempo gebracht. Dann springt man seitlich auf und löst gleichzeitig die Kupplung. Diese Übung sollte am Anfang vorsichtig probiert werden, weil das Motorrad dabei leicht umkippen kann. Das Aufspringen bewirkt, daß die Maschine plötzlich belastet wird und das Hinterrad nicht beim Loslassen der Kupplung stehenbleiben kann.

2. Man schiebt an und springt, wenn die Maschine auf Geschwindigkeit ist, mit gespreizten Beinen auf, so wie beim üblichen Aufsteigen auf die Sitzbank. Die Kupplung wird erst gelöst, wenn man sitzt, damit das Hinterrad belastet ist und nicht blockieren kann.

Das Katz-und-Maus-Spiel auf zwei Rädern

Auffälligkeit ist Trumpf.

Noch unter Napoleon zogen die Soldaten mit farbenprächtigen Uniformen in die Schlacht. Das hatte gewiß damit zu tun, daß früher die Männer allgemein in bunterer Kleidung als heute durch die Gegend liefen, besonders wenn sie Stand- oder Klassenunterschiede deutlich machen wollten. Heute käme kein Soldat mehr auf die Idee, in farbenfroher Uniform Krieg zu spielen: Er wäre dann eine wandelnde Zielscheibe, und der böse Feind würde sehr schnell dafür sorgen, daß er in die ewigen Jagdgründe eingeht. Tarnung, im Krieg lebensnotwendig, kann dagegen beim Motorradfahren selbstmörderisch sein. Hier ist Auffälligkeit Trumpf – und zwar mit allem, was man zur Verfügung hat. Nun sind in den letzten Jahren, wie

Daß eine buntlackierte Maschine keine Garantie fürs Gesehenwerden bietet, zeigt dieses Bild. Ist der Hintergrund entsprechend scheckig, kann sie sich vor ihm genauso verstecken wie wenn alles grau in grau wäre.

Ein Bleistift in der ausgestreckten Hand genügt, um einen Motorradfahrer in nur zwanzig oder dreißig Meter Entfernung zu verdecken. Das sollte Ihnen zu denken geben.

schon erwähnt, Grau, Oliv, Dunkelbraun und Schwarz beliebte Modefarben geworden. Das hat sich leider auch auf die Motorradbekleidung übertragen, und dieser Trend wird kräftig von den Herstellern unterstützt. Erfreulicherweise sind aber in jüngster Zeit die italienischen Modemacher etwas sicherheitsbewußter geworden und schneidern mehr auffällige Motorradkleidung. Es ist nur zu hoffen, daß auch die deutschen Produzenten das bald merken und sich dieser Bewegung anschließen.
Daß wir so für Auffälligkeit plädieren, hat seinen Grund. Denn unter allen Fahrzeugen, die auf der Straße unterwegs sind, ist das Motorrad das schmächtigste. Schauen Sie sich einmal die nebenstehenden Bilder an. Was hier gezeigt wird, können Sie selbst ausprobieren. Stellen Sie sich etwa zwanzig Meter von einem Motorradfahrer entfernt auf, nehmen Sie einen Bleistift in die Hand und bringen Sie ihn mit ausgestrecktem Arm in Fluchtlinie zum Motorrad. Was Sie dann noch sehen von Mann und Maschine, zeigt das linke Bild – so gut wie nichts mehr. So leicht kann sich also ein Motorradfahrer hinter einem so schmalen Ding wie einem Bleistift verstecken. Wenn Sie so winzig zwischen all den Großen herumfahren, kann das für Sie zu einem Katz-und-Maus-Spiel werden. Und dabei muß es gar nicht böser Wille der anderen sein, wenn die Sie bei passender Gelegenheit schlichtweg übersehen und auf die Hörner nehmen, und auch nicht ihre Schlafmützigkeit: Die Hauptschuld trägt das relativ kleine Signalbild des Motorrads, das optisch sehr leicht im Verkehrsgewühl untergeht. Und dabei ist der Bleistiftversuch noch eine harmlose Sache; denken Sie an die dicken Türpfosten und Fensterholme, durch die ein Autofahrer auch nicht hindurchgucken kann und in deren totem Winkel Sie vielleicht gerade mit ihrem Motorrad herumfahren. Wenn Sie sonst im Leben zu den Unauffälligen gehören, dann ist das

keine Schande. Und wir wollen Sie auch gar nicht davon abbringen – ganz gleich ob Sie sich so verhalten, weil es Ihrer vornehmen Art entspricht, oder weil Sie zu den schüchternen Leuten gehören, die lieber in der Masse untertauchen. Wenn Sie aufs Motorrad steigen, sollten Sie sich diesen Luxus aber sofort abgewöhnen. Hier sind Sie schon von vorneherein unter den anderen im wahrsten Sinn des Wortes eine »graue Maus«, und Sie sollten alles tun, was möglich ist, um Ihre Auffälligkeit zu erhöhen. Das sollte nicht nur für Ihr Äußeres gelten. Auch das, was Sie vorhaben, sollte für andere deutlich und unmißverständlich sein. Wir sprachen darüber schon im Bekleidungskapitel: Graue Mäuse werden leichter überfahren, und ein olivgrüner Parka ist mit der besten Tarnanzug, den Sie finden können. Richtig machen Sie es, wenn Sie helle, möglichst gelbe oder orangefarbene Sachen an- oder überziehen. Mehr farbige Fläche ist mehr Sicherheit. Das Mindeste, was Sie sich leisten sollten, ist ein grellfarbiger Helm, denn Ihr Kopf ist der oberste Punkt und wird zuerst gesehen. Aber das ist eigentlich noch zu wenig. Beweis dafür ist die Tatsache, daß Motorradfahrer in dunkler Kleidung viel häufiger

Im Spiel von Hell und Dunkel, von Licht und Schatten sind Sie mit Ihrem Motorrad mal gut zu sehen und mal ganz schlecht wahrzunehmen. Die Bilder zeigen, wie die Sichtverhältnisse auf wenigen Metern radikal unterschiedlich sein können. Umso wichtiger, daß Sie auffällig gekleidet sind und mit Licht fahren – sogar die Rückleuchte kann zu Ihrem zusätzlichen Schutz dienen, obwohl sie am Tag nicht eben hell strahlt.

Ein so winziger Punkt ist ein Motorrad auf der Straße – selbst wenn es mit Licht gefahren wird.

übersehen werden als solche, die einen Anzug in Schock- oder Sicherheitsfarbe tragen. Es ist aber wichtig, nicht nur vom Gegen- und Seitenverkehr frühzeitig bemerkt zu werden, sondern auch von nachfolgenden Partnern. Das kann beim Fahren zu zweit bedeutsam sein, wenn vielleicht der Fahrer helle Kleidung trägt, aber seine Sozia in schicker schwarzer Kombi ihn völlig verdeckt: So kann das Duo nach hinten nicht mehr auffallen.
Wie kann man aber außer mit heller Kleidung die Auffälligkeit noch erhöhen? Ganz einfach: indem Sie keinen Meter ohne Abblendlicht fahren. Der Griff zum Lichtschalter nach dem Antreten der Maschine sollte genauso selbstverständlich sein wie das Umsehen nach hinten beim Anfahren. Was Sie damit an Sicherheit einkaufen, steht in keinem Verhältnis dazu, daß die Scheinwerferlampe öfter mal den Geist aufgibt und Sie eine neue kaufen müssen. In der Straßenverkehrsordnung gibt es übrigens auch keine Vorschrift, die das Fahren mit Licht am hellen Tag verbietet. Falls Ihnen das jemand erzählen will, selbst wenn es einer von der hohen Obrigkeit sein sollte, dann ist das gesponnen. Und wenn Sie ab und zu mal ein Autofahrer deshalb mit der Lichthupe »anblinzelt«, lassen Sie sich nicht stören, sondern fahren Sie frohen Mutes weiter: Denn Sie wissen nun genau, daß Sie zumindest von diesem einen gesehen wurden. Die Wahrscheinlichkeit, daß Sie dann auch von anderen besser bemerkt werden, ist ziemlich hoch. Und genau das wollten Sie ja erreichen.

Mit Röntgenaugen unterwegs.

Das Tragen grellfarbiger Kleidung und die Angewohnheit, ständig mit Abblendlicht zu fahren, bringen zwar schon eine Menge Sicherheit. Aber Sie sollten sich trotzdem niemals darauf verlassen, daß Sie rechtzeitig gesehen werden. Häufig kommt es vor, daß Sie zwar von einem Autofah-

Die Bilder machen Sie mit einem Rätsel bekannt, das Ihnen jeden Tag aufgegeben werden könnte. Wo mag sich wohl im oberen der beiden Fotos ein Motorradfahrer verborgen halten? Richtig vermutet: hinter dem Stand des Verkehrspolizisten. Kaum glaublich, daß dieser kleine Topf ein ausgewachsenes Zweirad plus Mensch unsichtbar machen kann.

rer optisch wahrgenommen werden, daß er aber vielleicht Ihre Annäherungsgeschwindigkeit unterschätzt oder sich selbst für besonders schnell hält. Sie sind in solchen Situationen auch nicht mit »Röntgenaugen« ausgestattet, um in das Gehirn eines dösenden Autofahrers hineinschauen zu können. Deshalb zahlt sich Mißtrauen immer aus. Wenn Sie nicht ganz sicher sind, was der andere vorhat, oder wenn Sie nicht genau wissen, ob der Sie auf seinem geistigen Bildschirm auch richtig gecheckt hat (und wann weiß man das als Motorradfahrer ganz genau?), dann lassen Sie es nie darauf ankommen. Denn lieber mal als übervorsichtig

Kleine und große Motorräder unterscheiden sich im Signalbild nur wenig (links eine Achtziger, rechts eine hubraumstärkere Maschine). Das kann für Sie von Vorteil sein, wenn Sie überschätzt werden. Aber es hat auch seine Gefahren, weil Motorradfahrer ganz allgemein im Verkehr wenig hermachen und deswegen übersehen werden.

belächelt werden und einen Rückzieher machen, als unter die Räder eines schlafenden Zeitgenossen geraten. Denken Sie immer daran, daß es einem Autofahrer in seiner Blechbüchse recht wenig ausmacht, wenn er Sie mal kurz und schmerzhaft an die Brust nimmt. Aber bei Ihnen sind es gleich Haut und Knochen, die unsanft mit dem Stahl in Berührung kommen. Bis es bei einem Zusammenprall Wagen gegen Leichtkraftrad dem Auto-Menschen an den Kragen geht, ist vom Motorradfahrer samt Maschine kaum noch etwas übrig.
Jetzt reagieren Sie vielleicht sauer und denken, das ist ja alles Quatsch: Daß ein Motorradfahrer bei einem Zusammenstoß mit einem viel schwereren und größeren Auto keine Chancen hat, weiß schließlich auch der Dümmste, und darüber muß man mit vernünftigen Leuten nicht diskutieren. Physikalisch betrachtet stimmt das auch hundertprozentig. Und daß die Katze nicht von der Maus gefressen wird, sondern umgekehrt, das ist schon Kindern bekannt. Trotzdem schafft es auch die Katze oft mit aller List und Tücke, die Maus zu fangen. Denn zumindest in diesem Fall gehören zum Gefressenwerden immer zwei: eine Katze, die auf der Lauer liegt, um die Maus zu erwischen, und eine Maus, die vielleicht nicht mit der Katze rechnet oder unvorsichtig ist. Genau das ist der Punkt, wenn es

Warum stehen die Leute da an der Ecke und gucken in die Seitenstraße hinein? Aha – da kommt ein Auto (unteres Bild). Am Verhalten der Fußgänger haben Sie sein Herannahen erkennen können, bevor es tatsächlich in Sicht war. Wer genau aufpaßt, kann sich solche Hilfen oft zunutze machen.

um das Unfallgeschehen im Straßenverkehr geht. Wer resigniert und Unfälle für schicksalhafte Vorgänge hält, darf sich nicht wundern, wenn es ihn über kurz oder lang selbst einmal erwischt. Nur muß das nicht sein. Den Beweis dafür liefern viele altgediente Motorradfahrer. Sie werden schon seit zig Jahren – und ohne in akute Gefahr zu kommen – mit dem Problem fertig, daß man als Kleinerer unter vielen Größeren und Stärkeren benachteiligt ist. Und da bleibt – genau wie bei der Maus – nur eins: schlauer sein als die Katze, um das Gefressenwerden zu vermeiden. Wer sich darüber klar ist, daß andere ihn leicht übersehen können, sollte aber auch wissen, bei welchen Gelegenheiten oder unter welchen Voraussetzungen das häufig geschieht. Um dann auf Nummer Sicher zu fahren, braucht man auch auf zwei Rädern keine Röntgenaugen.

Verschwunden in der Masse.

Versuchen Sie mal in einem riesengroßen Schwarm von Krähen einen Spatz oder eine Meise zu entdecken. Das dauert auch mit einem Fernglas längere Zeit. Im Straßenverkehr ist das nicht anders, wenn in der Masse großer Fahrzeuge irgendwo ein Kleinerer mit herumkurvt. Nun läßt sich nicht ändern, daß auf der Straße Große und Kleine, Dicke und Dünne gemeinsam unterwegs sind, und daß ein riesiger Lastwagen die besseren Chancen hat als ein kleiner Motorradfahrer, wenn es ums Gesehenwerden geht, ist auch keine umwerfende Neuigkeit. Was die Sache gefährlich macht, ist das Faktum, daß der Mensch von Haus aus ein »Augentier« ist und große oder auffällige Dinge viel eher wahrnimmt als kleine oder unscheinbare. Noch weniger bemerkt man von Kleinen etwas, wenn sie sich in unmittelbarer Nähe von Großen aufhalten. Das kann Ihnen beispielsweise blühen, wenn Sie sich mit dem Motorrad vor, hinter oder neben einem massigen Lastzug befinden. Dann sind Sie, wie man im Fachjargon sagt, in seinem »Blickschatten«. Die anderen sehen dann zwar den großen Laster und konzentrieren sich auch auf ihn, »übersehen« aber schlichtweg Sie, den Kleinen. Bei vielen Unfällen mit Motorradfahrern, die zunächst einmal unerklärbar erschienen, stellte sich im nachhinein heraus, daß die Ursache eine solche Blickschattensituation war, mit der die Beteiligten nicht fertig wurden. Daß man von einem Größeren optisch verschluckt werden kann, damit muß man sich einfach abfinden. Der Dritte, der den Kleineren übersehen hat, muß deshalb kein Dummkopf oder Rücksichtsloser sein. Er ist lediglich einer Art optischer Täuschung zum Opfer gefallen. Gegen dieses optische Verschlucktwerden kann man in der Regel etwas tun, indem man auffällige Kleidung trägt und auch am Tag stets mit Abblendlicht fährt. Von jeder Regel gibt es aber Ausnahmen: Wenn Sie sich in gelber Kleidung neben einem gelben

DVPi
GP Z 673

DVPi
GG CM 165

DVPi
GG CM 165

DVPi
GG CM 165

Linke Seite: Der Laster oben im Bild will nach rechts abbiegen, und der Achtziger-Fahrer daneben freut sich: So kann er sich neben dem Dicken halbwegs über die Kreuzung mogeln. Der Mann im Personenwagen links am Bildrand freut sich auch, denn er will nach links einbiegen und braucht so nicht die Vorbeifahrt des Lastwagens abzuwarten. Die beiden Fröhlichen wissen allerdings nicht, daß sie hier in eine perfekte Blickschattensituation geraten. Das zweite Foto zeigt, wie der Motorradfahrer vor dem großen Laster völlig unauffällig geworden ist – er befindet sich im Blickschatten des Dicken. Wenn der Laster jetzt nach rechts einschwenkt (drittes Bild) und der Personenwagen-Mensch erleichtert Gas gibt, löst sich die kleine Maschine gerade wieder aus dem Blickschatten (Bild vier) – und da ist schon alles zu spät. Hinterher weiß keiner so recht, wie ein solcher Unfall eigentlich zustandegekommen ist.

Laster befinden, ist die Tarnung auch wieder perfekt. Sie werden nun fragen, was dann eigentlich noch bleibt, um vor Blickschattengefahren sicher zu sein. Auf keinen Fall dürfen Sie sich nur auf die anderen verlassen, Sie müssen vielmehr selber aktiv werden. Deutlicher gesagt, Sie müssen erkennen, bei welchen Gelegenheiten Sie in eine Blickschattenposition geraten können, und mit allen Mitteln versuchen, entweder erst gar nicht hinein- oder, wenn es nicht zu vermeiden ist, schnellstens wieder herauszukommen. Ganz wichtig wird dabei die Beobachtung von Partnern, die Ihnen irgendwie in die Quere kommen können. Dazu kann beispielsweise ein wartepflichtiger Autofahrer zählen, der in einer Seitenstraße auf der Lauer liegt, um einbiegen zu können – genau in dem Augenblick, wenn Sie sich neben oder dicht hinter einem dicken Brummer über die Kreuzung mogeln wollen. Die nebenstehende Fotoserie zeigt einen solchen Fall. Genauso fatal können Sie aber auch in die Klemme geraten, wenn Sie vor einem Laster geradeaus über eine Kreuzung wollen und sich dort Fahrer befinden, die nur auf eine Gelegenheit zum Linksabbiegen warten. Nur zu leicht übersehen die dann im Blickschatten des Großen Ihre Winzigkeit und rechnen damit, daß sie vor dem Lastwagen noch gefahrlos abbiegen können. Das aber ist eine Fehlkalku-

Blickschatten-Situationen kann es nicht nur im Querverkehr geben. Auch entgegenkommende Fahrzeuge können andere regelrecht verschlucken. Hier fährt das Motorrad direkt vor dem VW-Kombi und in seinem Blickschatten. Ein Überholer von vorn könnte ihn glatt übersehen.

lation, weil Sie ja viel früher da sind, und ein Unfall ist programmiert. Blickschatten-Positionen ganz zu vermeiden ist besonders im massierten Großstadtverkehr eine Unmöglichkeit. Zu häufig muß man sich – manchmal hautnah – mit großen Partnern zusammen im Kreuzungsbereich bewegen. Wichtig ist, daß man sich in solchen Situationen immer wieder fragt: Bin ich für andere im Blickschatten? Und wenn es so ist, müssen Sie sofort hellwach und kritisch Ihre Partner beobachten, die möglicherweise bedrohlich werden könnten. Beim geringsten Anzeichen von Gefahr nichts, aber auch gar nichts mehr riskieren.

Winkeltäuschereien.

Bevor Sie in diesem Kapitel weiterlesen, sollten Sie einen kleinen Versuch machen. Halten Sie Ihre Hand seitlich etwa einen halben Meter von Ihrem Gesicht entfernt. Die Fläche, die Sie damit in einer Distanz von 6 bis 8 Meter verdecken, ist so breit wie ein ausgewachsener Mensch. Stimmt's? Sie werden uns dann wohl auch glauben, daß es für einen Motorradfahrer nichts Unangenehmeres geben kann, als in den sogenannten toten Winkel eines anderen Partners zu geraten – eines Fahrers, der damit nicht rechnet oder vielleicht noch nicht einmal gehört hat, daß es so etwas gibt. Was Sie bei dem Versuch mit Ihrer Hand verdeckt

Hier versteckt sich eine fette Tausender spielend hinter dem Fensterholm des Autos. Erst recht können Sie mit Ihrer Achtziger dahinter verschwinden – und dann plötzlich, wie im rechten Bild, in Erscheinung treten.

haben, das kann im Auto genausogut ein Fenster- oder Türholm besorgen. Nur wissen das viele Autofahrer nicht oder kalkulieren es nicht in ihr Fahrverhalten ein: Und das sind immerhin Ihre wichtigsten Partner im Verkehr, mit denen Sie zurechtkommen müssen. Aus ihren Blechgehäusen sehen sie nur einen Teil der Welt, der Rest – bei heutigen, reichlich verglasten Wagen zwar nicht viel, aber immerhin – versteckt sich hinter Dachstreben und Türpfosten. Und Sie auf Ihrem Motorrad sind zum Beispiel klein genug, um im toten Winkel dieser Sichthindernisse verschwinden zu können. Wenn sich ein Autofahrer nun nicht bemüht, dieses Handikap durch Verändern seiner Kopfhaltung auszugleichen, kann er durchaus glauben, alles sei rundum frei, während Sie sich nichtsahnend in seinem toten Winkel befinden. Was daraus resultiert, bleibt weitgehend dem Zufall überlassen, und so ein dummer Zufall kann dann die Ursache sein, daß Sie Sekunden später, mehr oder weniger lädiert, Ihre Umgebung aus der Froschperspektive betrachten. Besonders gefürchtet ist jener tote Winkel, der von den Rückspiegeln des Wagens nicht erfaßt wird. Wenn Sie halbschräg hinter dem Auto und fast auf gleicher Höhe fahren, dann sind Sie mittendrin. Fahrschüler – sofern sie gut ausgebildet werden – lernen zwar, den toten Winkel mit einer Kopfdrehung lebendig zu machen. Aber woher wissen Sie, ob sich der Autofahrer vor oder neben Ihnen daran noch erinnert? Vielleicht ist er auch mit seinen Gedanken gerade ganz woanders und vergißt dabei völlig, daß es auch noch Motorradfahrer auf der Welt gibt, die er durch seine Schlafmützig-

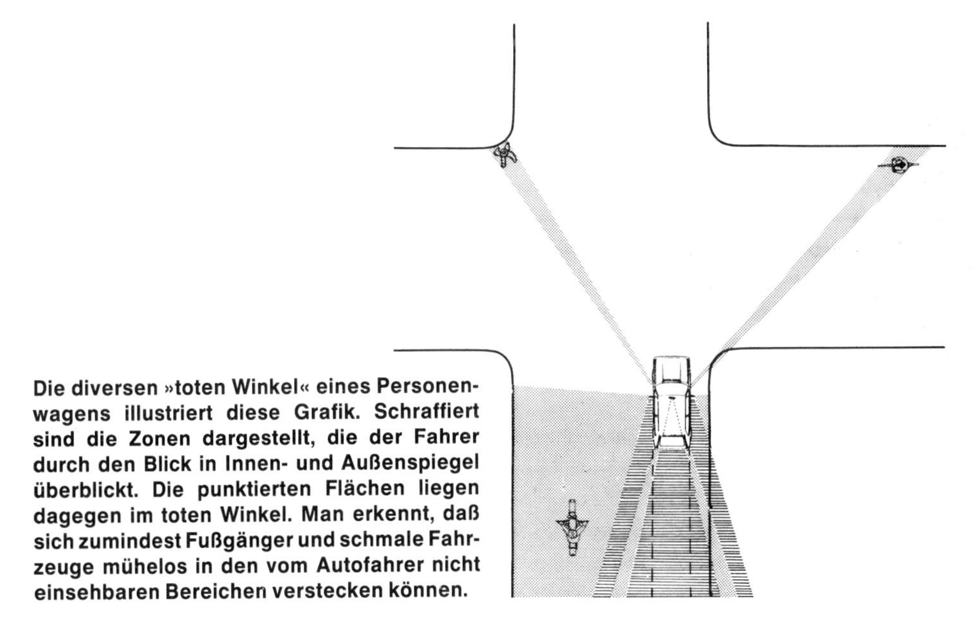

Die diversen »toten Winkel« eines Personenwagens illustriert diese Grafik. Schraffiert sind die Zonen dargestellt, die der Fahrer durch den Blick in Innen- und Außenspiegel überblickt. Die punktierten Flächen liegen dagegen im toten Winkel. Man erkennt, daß sich zumindest Fußgänger und schmale Fahrzeuge mühelos in den vom Autofahrer nicht einsehbaren Bereichen verstecken können.

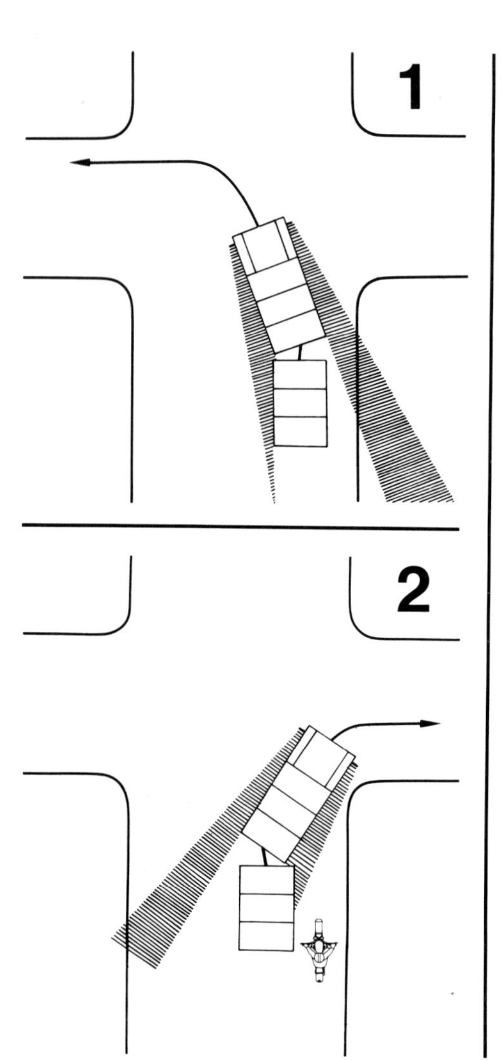

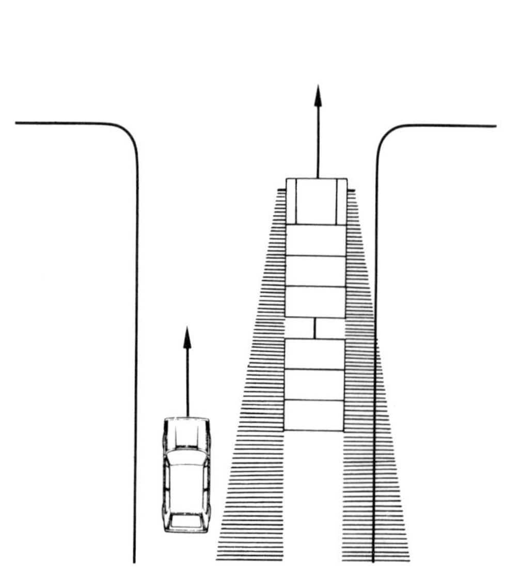

Die Zonen, die der Fahrer eines Lastzugs mit Hilfe seiner Außenspiegel überblikken kann, sind sehr schmal (3). In dieser Grafik sind sie schraffiert eingezeichnet. Man sieht, wie leicht auch ein Personenwagen in den toten Winkel des großen Fahrzeugs geraten kann. Der einsehbare Raum verändert sich zudem gewaltig (1), wenn sich der Lastzug in Kurvenfahrt befindet: Auf der so wichtigen Innenseite verkürzt er sich dann stark. Der Motorradfahrer in der Grafik (2) hat keine Chance, wahrgenommen zu werden – wehe ihm, wenn er jetzt noch weiter nach vorn stößt, er könnte vom einschwenkenden Anhänger erfaßt werden.

keit in akute Gefahr bringt. Reagieren Sie deshalb äußerst mißtrauisch, wenn ein Wagen schräg auf Sie zukommt und das Gesicht seines Fahrers zum Beispiel durch den Fensterholm teilweise verdeckt wird. Oder wenn einer vor Ihnen in leichter Schrägstellung vom Fahrbahnrand anfahren will: Dann sieht er in seinem Außenspiegel nämlich nicht Sie, sondern meist nur den Bürgersteig. Und ob er nur seinen Rückspiegel beobachtet oder sich außerdem nach hinten dreht, können Sie oft auch nicht erkennen, weil es durch die Kopfstützen verdeckt wird. Ein Tip: Nur wenn Sie im Außenspiegel eines Wagens die Augenpartie des Fahrers sehen können, hat er auch eine Chance, Sie zu sehen – ein simples physikalisches

Wenn ein Auto schräg vom Straßenrand wegfährt, ist der tote Winkel für seinen Fahrer noch größer als sonst. Durch die Schrägfahrt weist nämlich der Außenspiegel zum Bürgersteig hin, und ein Motorradfahrer zum Beispiel, der sich (wie auf dem oberen Bild) fast schon seitlich vom Auto befindet, wird nicht gesehen. Es sei denn, der Mann am Lenkrad dreht den Kopf nach hinten – aber können Sie sicher sein, daß er's tut?

Gesetz. Besonders große tote Winkel haben Nutzfahrzeuge – Lastwagen, Omnibusse –, vor allem auf ihrer rechten Seite. Daher dürfen Sie niemals direkt neben einem solchen dicken Brummer, der rechts abbiegen will, nach vorn aufrücken. Er sieht Sie nämlich rechts von seinem Fahrzeug nicht, und wenn er anfährt, zieht sich die scheinbar freie Innenspur wie eine Schlinge zusammen. Sein rechtes Hinterrad rollt haarscharf an der Ecke entlang. Es stellt sich dann nur noch die Frage, was aus Ihnen wird. Im übrigen sind viele Motorisierte für die Gefahren, die von hinten kommen, völlig blind. Vielleicht liegt das daran, daß Rückwärtsfahren nur bei ganz seltenen Gelegenheiten geübt wird. Das, was vor einem liegt, erscheint auch viel wichtiger als das, was von hinten kommen könnte. Nicht selten nähern Sie sich aber mit dem Motorrad langsameren Part-

Parkplatzausfahrten mit viel Verkehr – etwa, wie hier, an Supermärkten – können gefährliche Fallen sein. Dickmanns Frischdienst parkt so genial, daß unser Mann auf der Achtziger den rechts heranrollenden Opel nicht sehen kann, dessen Fahrer gerade vom Einkaufen nach Hause will. Nur wenn beide ungewöhnlich gut aufpassen, kann es bei einem Beinahe-Zusammenstoß bleiben (Mitte). Daß der Personenwagenfahrer aus seiner Sicht vom Motorrad ebenfalls nichts wahrgenommen hätte, zeigt das dritte Bild. Auf Ihrer Maschine können Sie sich aber nicht darauf verlassen, daß er sich vorsichtig aus der Ausfahrt tastet statt ohne großes Nachdenken auf die Straße zu biegen.

Umgekehrt wird natürlich auch ein Schuh draus, wenn nämlich der Motorradfahrer beim Einkaufen war und nun zur Parkplatzausfahrt rollt. Er und der Herr im Opel müssen, wegen des geparkten Lastwagens, nicht unbedingt etwas voneinander sehen, obwohl der Freund auf der Achtziger hier die besseren Chancen hat (Mitte). Er tut auf jeden Fall gut daran, die Parkfläche nicht allzu forsch zu verlassen. Andernfalls kann man ein weiteres Mal von Glück sagen, wenn letztenendes nichts passiert.

Der Blick in den Außenspiegel des Autos beweist, wie schlecht ein Motorrad zu erkennen ist, dessen Fahrer nicht das Abblendlicht eingeschaltet hat. Hier befindet sich die Maschine außerdem noch im Blickschatten des Lastwagens dahinter.

nern von hinten. Auch dann ist der tote Winkel allgegenwärtig. Hier sollten Sie sich erst wieder in Sicherheit wiegen, wenn Sie vor dem anderen sind – egal ob Sie überholen, an ein- oder ausparkenden Fahrzeugen vorbeifahren oder eine Kreuzung passieren, wo Ihnen stets andere in die Quere kommen können.

Nachts sind alle Katzen grau.

Ein Paradiesvogel, der bei Sonnenschein in allen Farben schillert, hebt sich in tiefer Dämmerung kaum noch vor seiner Umgebung ab. Und bei Nacht ist auch von ihm nichts mehr zu sehen. Farbe wirkt nur bei Licht. Wenn es dunkel wird, hilft also für das Bessergesehenwerden nur noch eins: Man muß sich selbst illuminieren. Das ist auch beim Motorrad kein Problem, denn die Beleuchtung ist nicht zur Verschönerung angebracht, sondern zum Benutzen. Ist es schon stockfinster, wird kaum ein Kraftfahrer vergessen, zum Lichtschalter zu greifen. Aber wenn es zu dämmern beginnt, wenn es stark regnet oder sich aus anderen Gründen die Sicht verschlechtert, geizen manche Kraftfahrer mit dem Licht, als ob sie den Strom für die Scheinwerfer extra bezahlen müßten. Dabei ist jedes Kraftfahrzeug mit einem eigenen Elektrizitätswerk ausgerüstet, und was da ständig an Strom von der Lichtmaschine erzeugt wird, kann man zur Beleuchtung des Fahrzeugs nutzen, ohne daß sich dadurch etwas nennenswert verteuert. Speziell Autofahrer vollbringen manchmal Meisterleistungen der Tarnung durch ihre Lichtsparerei. Rechnen Sie mit solchen »Lichtmuffeln« besonders im Bereich von Hell-Dunkel-Zonen, an Stellen also, wo es manchmal auch am hellen Tag dunkel wird. Das ist häufig der Fall auf Waldstraßen, wo sonnige und schattige Felder sich ständig abwechseln, oder in Unterführungen. Bei jedem Wechsel von Hell auf Dunkel oder umgekehrt muß sich das menschliche Auge den veränderten Lichtverhältnissen anpassen. In der Regel braucht es dazu zwischen 0,3 und 0,5 Sekunden. Bei einer Geschwindigkeit von 70 km/h werden in der Sekunde etwa 20 Meter zurückgelegt (Geschwindigkeit in km/h : 3,6 = Geschwindigkeit in Meter/Sekunde). Das bedeutet bei 70 km/h und einer Anpassungszeit von 0,5 Sekunden, daß der Fahrer 10 Meter nahezu blind zurücklegt oder doch zumindest in seiner Wahrnehmungsfähigkeit stark beeinträchtigt ist. Das kann besonders gefährlich werden, wenn man schnell wechselnde Hell-Dunkel-Zonen durchquert: Hier muß das menschliche Auge in puncto Anpassung ständig Schwerstarbeit leisten und ist bei hoher Geschwindigkeit einfach überfordert. Spätestens beim Einfahren in solche Zonen sollte man unbedingt das Abblendlicht einschalten. Das gleiche gilt, wenn man mit der tiefstehenden Sonne im Rücken fährt. Man sieht dann zwar nach vorn sehr gut, aber ein Kontrollblick in den überblendeten Rückspiegel macht deutlich, daß der rückwärtige Verkehrsraum nur noch schemenhaft erkennbar ist. Genauso schlecht wird man unter diesen Umständen von entgegenkommenden Fahrern wahrgenommen, denn die sind durch die tiefstehende Sonne geblendet.

Dem Gesehenwerden in der Nacht kann man nachhelfen: Reflexstreifen am Anzug und am Motorrad entschärfen die Gefahr, vom Querverkehr nicht früh genug wahrgenommen zu werden.

Das ist kein modernes Gemälde, sondern der Blick aus einem Sturzhelm heraus – wenn das Visier nicht mehr ganz taufrisch und außerdem die Straße naß ist. Das Geflimmer und Gefunkel ist so schlimm, daß der Fahrer unterm Helm einiges sehr Wichtige vermutlich gar nicht sehen kann. Höchst gefährlich.

Die Nachtfahrt hält für den Motorradfahrer ein besonderes Handikap bereit: die Lichtreflexionen auf Brillengläsern oder Helmvisieren. Eigenes gutes Sehen hängt in erster Linie davon ab, ob direkt vor den Augen alles klar ist. Durch Brillen und Visiere kann man zwar ungehindert hindurchblicken. Aber das kann sich sehr schnell ändern, wenn sie beschlagen oder spiegeln. Dabei kann man unter ungünstigen Voraussetzungen regelrecht zum »Blindflieger« werden. Schon am Tag gibt es bei nassem oder kaltem Wetter auch heute leider noch kein Patentrezept gegen das Anlaufen von Brillen und Visieren. Bei Regen oder Nebel ist freie Sicht aber äußerst wichtig, weil ja dann die Fahrbahnverhältnisse meist nicht so sind, daß man die Bremsen in Gefahrensituationen optimal einsetzen könnte. Achten Sie deshalb schon beim Kauf darauf, daß die Innenseite der Brille oder des Visiers wirksam belüftet ist. Es ist das beste Mittel gegen Beschlagen. Hierzu sollten Sie sich in einem Fachgeschäft beraten lassen. Um das Anlaufen zu verhindern, kann man die Innenseiten zum Beispiel mit einem feuchten Antibeschlagtuch oder mit einer starken Lösung aus Wasser und einem Haushaltsspülmittel einreiben. Das gleiche erreicht man auch durch Abwischen mit konzentriertem Salzwasser oder mit Seifenlauge. Nicht selten kommt es erst zum Beschlagen, wenn an einem Bahnübergang oder an einer Ampel kurz gehalten werden muß. Dann ist es besser, vorsorglich durch die Nase auszuatmen, weil dabei die feuchte Luft mehr nach unten gedrückt wird – im Gegensatz zum Ausatmen durch den Mund, das die Luft nach oben steigen und das Sichtfeld in Augenhöhe beschlagen läßt. Bei längerem Halt wäre es zwar besser, das Visier einfach zu öffnen. Aber da Vergeßlichkeit eine ausge-

prägte menschliche Schwäche ist, kann das zumindest bei manchen Helmen gefährlich werden, wenn man nämlich losfährt, ohne den Augenschutz wieder herunterzuklappen. Ist das Visier nicht mit Druckknöpfen geschlossen oder sonstwie eingerastet, genügt bei höherer Geschwindigkeit schon ein leichtes Kopfdrehen, und der eindringende Fahrtwind reißt es ab. Allein der Schreck kann dabei zu einer unkontrollierten Bewegung und als Folge davon zu einem Sturz führen. Es gibt allerdings auch schon Helme mit Visieren, die sich bei höherer Geschwindigkeit automatisch schließen.
Auf der Außenseite beschlägt die Brille oder das Visier gern bei Nebel oder Nieselregen. Hier hilft dann nur noch das Abwischen. Eingebaute Scheibenwischer sind für Motorradfahrer leider noch nicht erfunden worden. Handbetrieb muß also ersetzen, was beim Auto die Elektrik tut. Es gibt zwar Handschuhe zu kaufen, die auf dem Rücken eine Gummikante als »Wischblatt« eingearbeitet haben; sie sind aber meist relativ teuer, und man bekommt sie auch nicht überall. Die gleiche Wirkung wird viel billiger mit Schaumstoff erreicht. Befestigen Sie zu diesem Zweck einen Streifen davon mit einem etwas festeren Schnappgummi auf dem Handschuhrücken. Hört der Regen auf, können Sie Ihren selbstgebastelten Scheibenwischer bis zum nächsten Mal in die Tasche stecken. Spiegelungen auf Visier und Brillengläsern treten hauptsächlich während der

Die Lichter des entgegenkommenden Verkehrs überstrahlen oft Hindernisse auf der Fahrbahn – hier den Fußgänger, der gerade die Straße überqueren will. Ein verkratztes Helmvisier verstärkt noch die Reflexion, so daß der Motorradfahrer beim besten Willen nichts erkennen kann. Zur sicheren Nachtfahrt gehört also auch ein neuwertiges Visier, das nicht noch zusätzliche Sichtprobleme schafft.

Überblendung ist in hellerleuchteten Großstadtstraßen besonders häufig. Der Radfahrer im oberen Bild ist noch einigermaßen vor den Lichtern der Entgegenkommer und der tollen Illumination der Geschäfte zu erkennen. Aber der Fußgänger unten? Der lebt äußerst gefährlich und weiß es nicht einmal.

Dämmerung und in der Nacht auf. Bei Regen und nassem, glänzendem Asphalt können sie sich manchmal bis ins Unerträgliche verstärken, besonders dann, wenn das Visier zerkratzt, verstaubt oder durch Mükkenrückstände verschmutzt ist. Auf feuchter und spiegelnder Fahrbahn kann so das Vorwärtsblicken zur Qual werden: Die Scheinwerfer entgegenkommender Fahrzeuge oder anderes Fremdlicht lösen nämlich ein wahres Feuerwerk von Reflexionen aus. Die Wahrnehmungsfähigkeit ist dann so stark eingeschränkt, daß das Fahren mit höherer Geschwindigkeit zu einem Lotteriespiel wird. Hier hilft bloß Tempoverminderung. In extremen Fällen kann sogar nur mit hochgeklapptem Visier weitergefahren werden. Wenn es nach einer Trockenperiode bei Nacht zu regnen beginnt, empfiehlt es sich, kurz anzuhalten und Verschmutzungen auf dem Visier mit einem weichen Lappen oder Schwamm abzuwaschen. Schlaue Leute haben ein kratzfreies Ersatzvisier, das sie nur bei solchen Gelegenheiten benutzen. Eine Scheibe zum Auswechseln mitzuführen lohnt sich auf längeren Strecken immer; sie kann auch dann noch die

Lichter der Großstadt: Heller und bunter geht's nimmer. Diese Überfütterung ist vielleicht reizvoll, jedenfalls aber gefährlich. Es gelingt nur schlecht, das Wichtige optisch vom Unwichtigen zu trennen. Im oberen Foto zum Beispiel ist der von rechts kommende Einbieger auf dem unruhigen Hintergrund nur schlecht zu sehen. Allenfalls sein rhythmisch aufleuchtender Blinker könnte die Aufmerksamkeit auf sich ziehen. Im Bild unten weist der Pfeil auf ein Vorfahrtzeichen an der Kreuzung weiter vorn. Wer es übersieht und nur den Leuchtreklamen folgt, kann dort überraschend einen Unfall bauen.

ungetrübte Freude am Fahren gewährleisten, wenn widrige Umstände sie vermiesen möchten.

Generell gesagt: Wenn Sie Nachtfahrten mit dem Motorrad vermeiden können, sollten Sie es tun. Die Unfallhäufigkeit ist im Dunkeln wesentlich höher als am Tag. Bei gutem Wetter ist das Fahren auf zwei Rädern nachts noch relativ sicher. Ein Lotteriespiel wird es, wenn bei Regen, Nebel oder Schneefall viele Autofahrer entgegenkommen, die beileibe nicht immer abblenden, wenn sich ein Motorradfahrer nähert. Dabei hat schon mancher die Übersicht verloren und sich grußlos ins Gelände verabschiedet, mit oft schlimmen Folgen. Wenn Sie es gar nicht umgehen können, unter solchen Wetterbedingungen bei Nacht zu fahren, dann sollten Sie mindestens bei der Geschwindigkeitswahl Vernunft walten lassen. Schon eine kurzfristige Blendung kann Ursache dafür sein, daß Sie mit dem Gegenverkehr kollidieren oder auf ein Hindernis auffahren.

Die anderen und wir

Ist man allein, muß man nur auf sich selbst aufpassen. In einer überfüllten Discothek sieht das aber schon ganz anders aus: Je mehr Tänzer da auf engem Raum ihren Spaß haben wollen, um so eher kann man unfreiwillig mit anderen in zu nahen Kontakt kommen. Umgekehrt ist man aber auch nie ganz sicher, daß diese anderen einem nicht ungewollt auf den Füßen herumtrampeln. Beobachtet man vom Rand aus eine Zeitlang die Szenerie, fallen sehr schnell bestimmte Typen auf, die eine Tanzveranstaltung mit einem Karatematch verwechseln. Wer schlau ist, versucht zu vermeiden, in die Nähe dieser Rempler zu kommen, und erspart sich damit eventuell blaue Flecken. Im Straßenverkehr verhält es sich ähnlich mit den Partnern. Auch hier gibt es welche, mit denen man einigermaßen auskommt, aber auch solche, bei denen man höllisch aufpassen muß. Allerdings hat man viel weniger Zeit als auf der Tanzfläche, um das herauszufinden, weil sich alles mit weit höherem Tempo abspielt. Wenn aber keine Zeit bleibt, um die anderen kennenzulernen, muß man in der Lage sein, das Verhalten der Verkehrspartner blitzschnell und nahezu sicher vorauszuberechnen. Könner im Straßenverkehr haben diese Fähigkeit und werden kaum noch überrascht, wenn andere Leute den größten Blödsinn machen.

Wie schafft man es, sich eine solche Trickkiste im Kopf anzulegen? Es ist eigentlich ganz einfach. Man braucht nämlich nur auf ganz bestimmte Merkmale zu achten, die bei anderen sofort ins Auge fallen. Dabei muß man freilich methodisch vorgehen. Und deshalb öffnen wir jetzt unsere Trickkiste, damit Sie mit dem Inhalt Ihren eigenen Vorrat schön der Reihe nach auffüllen können. Als erstes Merkmal dafür, wie sich ein anderer voraussichtlich verhalten wird, haben wir sein Alter. Eine Siebzehnjährige läuft vielleicht auch mal wie eine Oma über die Straße; aber dann tut sie nur deshalb langsam, weil sie keine Lust hat schneller zu laufen.

Ganz anders ist das aber bei alten Menschen. Auch wenn sie es wollten,

Hier tun zwei nur scheinbar das Gleiche. Wenn das junge Mädchen (links) die Straße überquert, dann läuft das zügig und berechenbar ab, Überraschungen sind kaum zu erwarten. Anders mit der alten Dame. Sie fühlt sich unsicher, kann auch nur langsam gehen und reagiert unter Umständen völlig unerwartet auf herankommende Fahrzeuge. Hier müßten Sie also dreimal so gut aufpassen wie bei der forschen Kleinen.

Ein Auto, dessen Rückfahrscheinwerfer Ihnen entgegenleuchten, ist immer ein gefährliches Auto – erst recht hier, wo es mit dem Heck zur Straße gewandt steht. Der Fahrer will, das ist völlig klar, rückwärts aus der Einfahrt hinaus, und er kann das Motorrad wegen der Hecke nicht sehen. Wenn Sie das nicht überblicken und, statt zu bremsen, in eine Situation wie im zweiten Bild kommen, dann haben Sie Ihren Führerschein nicht verdient.

sie könnten nicht mehr so wie Junge durch die Gegend flitzen. Mangelnde Beweglichkeit ist aber nicht der einzige Grund, weshalb ältere Leute im Straßenverkehr Risikopartner sind. Meist hören sie auch noch schlecht oder sehen nicht mehr so richtig, sie reagieren deshalb oft zu spät oder falsch. Sie können manchmal sogar etwas rechthaberisch und stur auftreten, einfach weil sie meinen, daß die übrige Welt – gerade weil sie schon alt sind – ganz besonders rücksichtsvoll sein muß. Auch bei einer anderen Gruppe ist das Alter daran schuld, daß sie nicht so aufpassen, wie es aus Sicherheitsgründen erforderlich wäre: Es sind die Kinder. Genau wie bei den Alten müssen Sie hier ständig mit Fehlern rechnen,

Viele schwere Unfälle passieren, wenn Kinder plötzlich zwischen geparkten Autos hervorlaufen. Weil man die Kleinen vorher nicht rechtzeitig sehen kann, nutzen auch Bremsmanöver oft nichts mehr. Seien Sie also vor allem in Wohngebieten immer auf solche Überraschungen gefaßt, fahren Sie lieber zu langsam als zu schnell. Daß übrigens auch die Kinder meist von Ihnen nichts sehen können, selbst wenn sie es wollten, beweist das zweite Bild, das aus der Augenhöhe der kleinen Leute gemacht wurde. Motorhauben türmen sich da wie Berge, über die man nicht hinweggucken kann.

Radfahrern – einzeln oder, wie hier, gruppenweise – begegnet man heute wieder viel öfter auf der Straße als früher. Von Disziplin und von der Straßenverkehrsordnung halten die Radler meist nur wenig. Am liebsten fahren sie nebeneinander, wackeln hin und her und sind besonders unsicher, wenn sie noch großes Gepäck auf ihre Drahtesel gebunden haben. Beim Überholen der Radfahrerschar auf dem Bild würden wir an Ihrer Stelle sehr aufmerksam sein und einen weiten Bogen schlagen.

und so ganz über den Weg trauen dürfen Sie dem Jungvolk nie. Auch das hat seine Gründe, denn Kinder reagieren nun einmal spontaner und unüberlegter als Erwachsene. Außerdem fehlt ihnen die Erfahrung, wie man sich richtig verhält, und auch die Verkehrsregeln kennen sie meist nicht. Von Altersmerkmalen geht also eine Menge Information aus. Wenn man sie beachtet, lernt man bald, gut auszukommen. Dieses große A = Alter sollten Sie also im Straßenverkehr gut im Auge behalten.
Es gibt aber noch zwei weitere große A als Hinweise darauf, wie sich andere Partner im Straßenverkehr voraussichtlich verhalten. Das erste A

Eine solche Kinder-Ansammlung vor einer Schule ist allemal einen Griff zur Bremse wert. Sie können nie – nie! – sicher sein, daß nicht eins der lieben Kleinen oder gar mehrere plötzlich auf die Straße springen oder sonst etwas völlig Unerwartetes tun. Kinder denken im Verkehr an alles Mögliche, nur nicht an die Gefahren, in die sie kommen können. Da müssen andere, die älter, vernünftiger und erfahrener sind, auf sie mit aufpassen.

Was gibt es Schöneres als Ballspielen quer über die Straße? Klar, daß die Kinder nur nach dem nächsten Wurf Ausschau halten und nicht nach Ihnen auf Ihrem Motorrad. Wenn Sie hier nicht aufpassen, paßt keiner auf.

steht für den »Aufmerksamkeitsgrad« eines Partners und das zweite A für »Absicht«. Diese Merkmale deuten darauf hin, was andere im nächsten Augenblick unter Umständen anstellen. Wenn man darauf achtet, ist es gar nicht so schwer herauszufinden, wie aufmerksam oder abgelenkt ein Partner ist, in dessen Nähe man gerade ist. Dazu ein ganz simples Beispiel. Kommt Ihnen einer auf dem Gehweg mit dem Kopf nach hinten gedreht entgegen und steuert genau auf Sie zu, werden Sie gewiß sofort einen Schritt zur Seite treten, weil sonst ein Zusammenstoß unvermeidbar wäre. Und warum sollten Sie warten, bis es kracht, wenn ein Autofahrer mit abgewandtem Gesicht auf Sie zufährt? Denn wenn der in eine ganz andere Richtung guckt als er fährt, sollte man möglichst schnell kombinieren, was dabei herauskommen kann, und rechtzeitig Gegenmaßnahmen einleiten. Haben Sie jemand mit fremdem Kennzeichen vor sich, der langsamer fährt als nötig und den Kopf ständig zur Seite wendet, dann sollten Sie damit rechnen, daß er im ungeeignetsten Augenblick bremst – dann nämlich, wenn er gefunden hat, was er offensichtlich suchte. Fast immer ist Ablenkung der Grund für Unaufmerksamkeit. Der Straßenverkehr bietet dafür viele Gelegenheiten. Wichtig ist deshalb, daß man an bestimmten Merkmalen erkennt, ob ein Partner abgelenkt ist oder nicht. Und noch wichtiger ist es, daß man selbst aufmerksam die anderen beobachtet, denn sonst wird man unter Umständen viel zu spät vom Fehler eines anderen überrascht.
Beim dritten A geht es um das Erkennen der Absicht. Wer Augen im Kopf hat und ein bißchen logisch denken kann, wird leicht die Absichten seiner Mitmenschen erraten können. Dazu das folgende Bildbeispiel. Der junge Mann links, der mit dem Brief in der Hand schräg über den Bürgersteig läuft, will mit hundertprozentiger Sicherheit zum Postkasten. Der

Wer Augen im Kopf hat und ein bißchen kombinieren kann, wird leicht die Absichten seiner Mitmenschen erraten können. Der junge Mann links, der mit dem Brief in der Hand schräg über den Bürgersteig läuft, will mit hundertprozentiger Sicherheit zum Postkasten. Der andere im Vordergrund stellt sich darauf ein und weicht nach links aus. So können die beiden einander wohl kaum umrennen. Genauso können Sie im Straßenverkehr, durch das rechtzeitige Erkennen der Absichten Ihrer Partner, Karambolagen vermeiden.

andere im Vordergrund stellt sich darauf ein und weicht nach links aus. So können die beiden einander wohl kaum umrennen. Genauso können Sie im Straßenverkehr durch das rechtzeitige Erkennen der Absichten Ihrer Partner Karambolagen vermeiden. Sie sollten sich aber nicht nur bemühen, auf die Absichtsmerkmale anderer zu achten. Ebenso müssen Sie alles tun, damit das, was Sie selbst vorhaben, von den übrigen Verkehrsteilnehmern immer rechtzeitig und deutlich erkannt wird. Denn oft ist das für ihre Sicherheit genauso wichtig. Dazu ein Beispiel. Wenn ein Fußgänger sich gerade anschickt, über den Zebrastreifen zu gehen, und Sie brausen mit Ihrem fahrbaren Untersatz, ohne das Tempo zu verrin-

Das ist schon klar: Die kleinen Gänse wollen über die Straße. Aber sie schnattern so intensiv miteinander, daß sie völlig unaufmerksam sind. Und Sie wären Prügel wert, wenn Sie jetzt nicht sofort in die Bremsen steigen. Hier wäre auch ausnahmsweise einmal Hupen angebracht.

Warum steht da der Kombi mit offener Ladeklappe? Kombi-nieren Sie mal! Und wenn Sie sich nichts dabei denken, dann beklagen Sie sich aber bitte nicht, wenn Ihnen plötzlich jemand mit Brettern oder Kartons über den Weg läuft.

gern, auf ihn zu, dann dürfen Sie sich nicht wundern, wenn er wie ein aufgeschrecktes Huhn wieder zurückrennt – Ihnen genau vors Vorderrad. Das wird indes kaum passieren, wenn Sie Ihre Geschwindigkeit deutlich vermindern und vielleicht sogar Ihre Spur etwas seitlich verlegen, damit sie hinter dem Fußgänger vorbeizielt. Der weiß dann in der Regel sofort Bescheid, er wird zügig weiterlaufen und Ihnen damit den Weg frei machen. Genauso läßt sich manches knifflige Vorfahrtproblem durch eine deutliche Spur- und Spurtsprache lösen, ohne daß es dabei zu Drängeleien oder noch Schlimmerem kommen muß. Häufig können Sie Unsicherheiten bei Linksabbiegern beobachten, auf die Sie als Gegenverkehr zufahren und bei denen Sie an ihrem Anrollen und Wiederabstoppen bemerken, daß sie nicht so genau wissen, ob sie es noch vor Ihnen probieren oder besser abwarten sollen. Da sollten Sie niemals etwas riskieren, sondern durch betontes Langsamerwerden zeigen, daß Sie die Unsicherheit des anderen erkannt haben. Mit hoher Wahrscheinlichkeit entwirrt sich dann eine solche Situation, entweder so oder so. Auf Biegen oder Brechen weiterzufahren, war schon für manchen Motorradfahrer nicht gerade das Gesündeste.
Haben Sie erst einmal angefangen, Ihre Partner stets nach dem Alter, dem Aufmerksamkeitsgrad und der Absicht zu beurteilen, können Sie damit kaum wieder aufhören. Immer häufiger bekommen Sie nämlich dann die Bestätigung, daß Sie mit dem, was Sie aus Ihren Beobachtungen ableiten, recht behalten. Dieses ständige Augentraining macht Sie schnell zu einem der »Hellseher«, die auch in kniffligen Situationen nahezu sicher vorauswissen, was die Partner vorhaben. Und Sie geraten kaum noch in Schwierigkeiten, wenn andere Blödsinn machen.

Unbeliebt ist noch geschmeichelt.

Viele Straßenpartner, und beileibe nicht nur die im Auto, betrachten Motorradfahrer als Ärgernis, das man ertragen muß. Daran sind leider auch viele Motorradfreunde selber schuld. Wen wundert die Abneigung, wenn motorradbewehrte Kamikaze hautnah mit heulendem Motor an einem Fußgänger vorbeipreschen, daß der erschrickt und in Zukunft auf alles schimpft, was mit zwei Rädern unterwegs ist? Oder wenn ein Autofahrer an der Ampel zum Rechtsabbiegen ansetzt und gerade noch vor einem wildgewordenen Zweiradler bremsen kann, der wie aus dem Boden geschossen rechts neben ihm vorbeizieht? Oft kann man auch beim Ampelstopp beobachten, daß Motorradfahrer mit der rechten Hand am Gasdrehgriff ständig in Bewegung sind und durch ihr jaulendes Gasgeben im Stand die Nerven aller Ohrenzeugen über jedes zumutbare Maß

Baustelle, Zebrastreifen, Fußgänger auf der Fahrbahn – das stört den Zweiradler hier überhaupt nicht. Fröhlich und ungeniert gurkt er mittendurch und überläßt es den anderen, sich rechtzeitig in Sicherheit zu bringen. Wer an einer solchen Stelle nicht vorsichtig tut, hat keinerlei Gefühl für Gefahrenstellen.

hinaus malträtieren – bloß weil sie zu faul oder zu dämlich sind, um für einen richtig eingestellten Leerlauf zu sorgen. Diese Liste von Unarten ließe sich beliebig verlängern, und all das trägt nicht dazu bei, daß Motorradfahrer bei der übrigen Menschheit beliebter werden. Wer sich darüber wundert, daß viele die Nase rümpfen, wenn von Motorradfahrern auch nur gesprochen wird, sollte daran denken, daß nichts von nichts kommt. Es gibt aber auch noch einen anderen Grund, warum hier die Bezeichnung unbeliebt noch geschmeichelt ist. Viele Nicht-Motorradfahrer halten dieses Vehikel für äußerst gefährlich und stellen deshalb auch seinen Reiter auf die gleiche Stufe. Mit anderen Worten: Wer selbst Angst hätte, sich auf ein so wackliges Gefährt zu setzen, oder es schlicht für blödsinnig hält, auf zwei schnellen Rädern statt auf vier die Gegend unsicher zu machen, der reiht Leute, die das doch tun, nicht gerade in die Gruppe der Schlauberger ein. Mit dieser vorgefaßten Meinung muß man sich als Motorradfahrer abfinden und versuchen, das Beste daraus zu machen. Gewiß ist es manchmal schwer zu ertragen, wenn man als verrückt abqualifiziert wird, bloß weil man am Motorradfahren Freude hat. Lassen Sie sich aber nicht zu einer falschen Einstellung verführen, indem Sie sich nun ständig von Feinden umgeben fühlen und bei jeder passenden oder unpassenden Gelegenheit selbst aggressiv reagieren. Einerseits können Sie sich das als Motorradfahrer gar nicht leisten, weil Sie nun einmal fast allen anderen gegenüber der schwächere sind. Andererseits wird von Ihnen auf zwei Rädern einiges mehr an Fahrzeugbeherrschung verlangt als von den Leuten im Auto, wenn Sie mit den Problemen des Straßenverkehrs einigermaßen fertigwerden wollen. Sie müssen also einfach besser sein. Darauf können Sie sogar stolz sein und es mit Gelassenheit hinnehmen, von den anderen als Außenseiter betrachtet zu werden. Vielleicht werden Sie von Menschen, die Motorradfahrer nicht mögen, sogar manchmal beneidet, eben weil Sie mehr können und in der Lawine aus Autoblech viel mehr Freiheiten haben – Freiheiten, von denen Autofahrer nur träumen können.

Wer sich auskennt, kommt auch mit gefährlichen Partnern zurecht.

Auch in Ihrem Bekanntenkreis gibt es sicherlich Leute, denen man einfach nichts recht machen kann. Ständig kriegt man mit ihnen Schwierigkeiten, oft aus Anlässen, die lächerlich sind. Im täglichen Leben mit so krummen Typen auszukommen ist einfach, weil ja in der Regel genug Zeit zum Kennenlernen ist. Man weiß also, mit wem man sich einläßt und was man zu erwarten hat. Wer vernünftig ist, vermeidet dann, sich mit ihnen anzulegen. Im Straßenverkehr sieht die Geschichte ganz anders aus. Hier kann man nicht immer Partnern aus dem Weg gehen, mit denen

Die lieben Leute aus der Landwirtschaft sind manchmal ein bißchen komisch, was den Straßenverkehr betrifft. Mit ihren nicht gerade superschnellen Fahrzeugen biegen sie fröhlich vom Feldweg auf den Asphalt und können sich gar nicht vorstellen, daß da einer mit 80 daherkommen könnte. Wenn Sie also seitwärts einen Traktor mit Kurs auf Ihre Straße sehen, müssen Sie sofort die Ohren stellen. Ebenso gilt das natürlich, wenn Sie hinter einem landwirtschaftlichen Gefährt herfahren und überholen wollen: denn es biegt oft unvermittelt in irgendeinen Seitenweg.

es zu Schwierigkeiten kommen kann. Deshalb muß man sich in dieser speziellen Typologie etwas auskennen und wissen, wie man sich verhalten muß, um auf die von ihnen ausgelösten Schwierigkeiten nicht hereinzufallen. Was sind nun die Prototypen? Da ist zunächst die Gruppe der Hilfsbedürftigen: Sie zählen eigentlich nicht zu den schwierigen Partnern, weil sie nichts für ihre Schwierigkeiten können. Daß alte Menschen, Kinder und Behinderte zu den Hilfsbedürftigen gehören, wurde schon ausführlich behandelt. Es gibt aber auf der Straße nicht nur körperlich, sondern auch technisch Behinderte. Ist die körperliche Behinderung offensichtlich – wie beispielsweise bei einem, der mit Krücken über die Straße will, oder bei einem Radfahrer, der mit letzter Kraft einen steilen Berg hochstrampelt –, dann wird nur ein ganz mieser Typ darauf keine Rücksicht nehmen. Anders ist das im Straßenverkehr bei den technisch Behinderten. Dazu gehören die »dicken Brummer«. Daß diese oft riesi-

bay
Waiblingen
WN
HH 184

bay
Waiblingen
bay Spedition
Waiblingen
bay
bay-
transporte

bay Spedition
Waiblingen
bay

bay Spedition
Waiblingen
bay

◁ **Wenn ein so großes Fahrzeug mit Abstand durch eine scharfe Rechtskurve kommen soll, muß es zunächst weit nach links ausholen. Und selbst dieser Bogen kann noch nicht verhindern, daß es auch auf der Hauptstraße anfangs die volle Fahrbahnbreite braucht. Das alles müssen Sie wissen, wenn Sie hinter einem solchen Dicken herfahren oder ihm entgegenkommen. Sie müssen auf das Ausschwenken nach links gefaßt sein (bei dem der Lastwagen ja in der Regel schon nach rechts blinkt) und dürfen nicht versuchen wollen, währenddessen noch schnell rechts vorbei nach vorn zu fahren. Und Sie sollten, wenn Sie das Einbiegemanöver als Benutzer der Hauptstraße vor sich sehen (untere Bilder), in großzügigem Abstand anhalten und warten, bis es beendet ist. Der Mann im Sattelzug, dessen Arbeit kein Zuckerlecken ist, wird es Ihnen danken.**

gen Kisten zu den Hilfsbedürftigen gehören sollen, ist nicht auf Anhieb verständlich, denn einen schwächlichen Eindruck machen sie nicht gerade. Trotzdem sind sie oft auf die freundliche Unterstützung der anderen Partner angewiesen, gerade wegen ihrer Größe und dem damit verbundenen höheren Raumbedarf. Aber auch ihre Langsamkeit macht den Brummi-Kapitänen im dichten Straßenverkehr zu schaffen. Wie leicht haben Sie es beispielsweise, mit Ihrem Motorrad über eine Kreuzung zu kommen. Auch bei dichtem Verkehr sind Sie hopplahopp auf der anderen Seite. Der Fahrer eines 15 Meter langen Sattelzuges »verhungert« aber gnadenlos in einer ähnlichen Lage, wenn nicht einsichtige Partner mal auf ihr Recht verzichten und den Großen in die Vorfahrtstraße hineinlassen. Die Führer von Schwerfahrzeugen haben aber noch andere Schwierigkeiten, und Sie sollten deshalb in bestimmten Situationen vermeiden, zu nahe an sie heranzukommen. Ein Lastwagenfahrer beispielsweise, der nach rechts abbiegen will, muß vorher nach links ausholen; sonst würden ihm nämlich die Hinterräder über den Bordstein laufen, weil sie einen engeren Spurkreis haben als die Vorderräder. Dann dürfen Sie keinesfalls in die freiwerdende Lücke rechts neben dem Dicken hineinfahren, denn wenn er weiter abbiegt, zieht sich diese freie Spur unter Umständen blitzschnell zusammen. Und was dann aus Ihnen zwischen Lastwagen und Bordstein wird, kann sich auch der Dümmste vorstellen. Denken Sie im Umgang mit Schwerfahrzeugen auch immer an den berüchtigten toten Winkel. Oft haben die Lenker dieser Ungetüme bei vielen Manövern gar keine Chance, einen kleinen Motorradfahrer im Rückspiegel zu sehen. Deshalb können wir Ihnen nur empfehlen, die ganz Großen auf der Straße immer kritisch zu beobachten. Dann haben Sie sehr schnell heraus, wo und wann es für Sie gefährlich werden kann, falls Sie sich zu nahe heranwagen.
Die wirklich Schwierigen sind aber jene Partner, die sich zwar völlig korrekt verhalten könnten, es aber oft einfach nicht tun. Unter ihnen gibt es sogar Typen, die mit voller Absicht handeln. Bei anderen wieder sind es schlechte Angewohnheiten, die sie gefährlich machen. Durch ganz bestimmte Anzeichen verraten sie sich aber schnell. Am häufigsten muß

man bei Hastigen damit rechnen, daß sie Fehler machen. Bei Fußgängern und Radfahrern erkennt man das recht leicht an ihren hektischen Bewegungen und an der Körperhaltung. Autofahrer zeigen es dagegen durch überhöhtes Tempo, oft aber auch, indem sie wie Hasen ständig im Zickzack ihre Spur wechseln oder abrupt bremsen, besonders dann, wenn es irgendwo nicht zügig weitergeht. Trauen Sie Eiligen nie über den Weg. Sie haben nämlich nur ein Ziel im Auge: möglichst schnell vorwärtszukommen. Und dann interessiert sie oft nicht mehr, was um sie herum vorgeht. Das ist häufig der Fall im Berufsverkehr, an Wochenenden, zu Geschäftsschluß oder in Ferienkolonnen. Dann treiben die Hastigen ihr gefährliches Spiel manchmal so kriminell, daß man meinen könnte, man hätte es mit Selbstmördern zu tun. Es gibt aber auch bestimmte Punkte, wo sie besonders zahlreich anzutreffen sind. Dazu gehören Haltestellen, Bahnhöfe und Flugplätze. Hier gibt es immer Leute, die in letzter Minute noch mitkommen wollen und dann meist nur noch an die Uhr denken.
Das genaue Gegenteil von den Hastigen sind die Trödler. In einem jedoch sind beide gleich: Sie merken nicht, daß sie anderen mit ihrem abartigen Verhalten auf den Wecker fallen. Trödler halten sich meist für ganz besonders gute Fahrer. Wollen Sie einmal erleben, daß Erziehungsversuche überhaupt keinen Sinn haben? Dann müssen Sie probieren, einen so laschen Typ davon zu überzeugen, daß seine »vorsichtige« Fahrweise eine Zumutung für alle anderen ist, die durchaus berechtigt schneller vorwärtskommen wollen. Rücken Sie diesen gehemmten Typen bloß nicht zu dicht auf den Pelz, um sie zum Schnellerfahren zu bewegen. Neben ihrer Trödelei neigen sie nämlich häufig auch zu unverbesserlichem Schulmeistern und reagieren dann vielleicht durch hartes Bremsen, um Ihnen zu zeigen, daß Ihr Abstand zu knapp ist. Sie sollten im Umgang mit Trödlern gelassen bleiben und sofort überholen, wenn es ohne Gefahr möglich ist. Riskieren Sie nie etwas aus Ungeduld: Schon mancher Fahrer, der einen Ausbruchsversuch wagte, weil er die Nase voll hatte von der Zockelei, hat dabei böse und teure Erfahrungen gemacht. Vermeiden Sie auch jedes Antreiben durch Hupsignale. Das kann genau wie zu dichtes Auffahren zu Schreckreaktionen führen, denn Trödler sind meist auch ängstliche Naturen und sie beherrschen ihr Fahrzeug oft nicht so, wie es eigentlich erforderlich wäre. Nicht jeder Langsame muß aber ein Trödler sein. Manchmal handelt es sich um einen Anfänger, oder ein technischer Defekt ist schuld; mitunter ist auch ein Abschleppmanöver in Gang, das kein höheres Tempo zuläßt. Nehmen Sie Trödler als etwas Unvermeidliches hin und trödeln Sie selbst nie, wenn es dafür keinen vernünftigen Grund gibt.
Eine ganz gefährliche Art von Egoisten sind die Drängler, und die werden Ihnen mit Ihren 80 km/h auch häufiger begegnen als die Trödler. Diese unangenehmen Zeitgenossen kleben einem oft am Auspuff, obwohl Schnellerfahren nicht möglich ist. Meist kann man sich dagegen auch

Das gilt als Spezialität von Motorradfahrern: in dritter Reihe, halb auf dem Mittelstreifen, zu überholen und damit zu beweisen, wie schmal und wendig doch so ein Zweirad ist. Bei dem Risiko, dem sich der Mann im oberen Bild damit aussetzt, ist diese Vorbeiquetscherei natürlich ein grausamer Unfug. Daß es allerdings auch Autofahrer gibt, die es nicht besser machen, zeigt das zweite Foto. Gerade ein Motorrad, das unversehens nach links schlenkern kann, darf man nicht so auf Millimeterbreite überholen wollen.

nicht wehren, weil die Flucht nach vorn ebenso wie nach hinten versperrt ist. Besonders in der Anfängerzeit sollten Sie sich durch Drängler nicht animieren lassen, selbst dichter aufzufahren. Peilen Sie auch nicht zuviel nach hinten, sonst kann es Ihnen nämlich passieren, daß Sie zwar den Drängelfritzen im Griff behalten, aber dabei übersehen, daß ein Vorausfahrender bremst – und Sie sitzen dem im Kofferraum. Drängler betrachten ihr nervenaufreibendes Spiel mit dem Abstand als Zeichen forscher Fahrweise. Dabei vergessen diese Leute völlig, daß es andere gibt, die fahrzeugbedingt oder aus sonstigen Gründen gar nicht schneller vorankommen können. Lassen Sie sich mit einem Drängler am Rücklicht keinesfalls dazu verleiten, nach einem Überholvorgang früher einzuscheren, als es gefahrlos möglich ist. Was kann man sonst noch gegen solche Typen tun? Wie schon gesagt: Die Flucht nach vorn wird selten gelingen. Deshalb bleibt meist nur eins – man muß einem solchen Sturkopf mög-

Man sollte es nicht für möglich halten, daß es solche Leute gibt. Aber Sie sehen es ja: Es ist möglich. Um so jemand kann man nur einen riesengroßen Bogen schlagen.

lichst seinen Willen lassen. Komplimentieren Sie ihn bei nächster Gelegenheit vorbei, damit er aus Ihrem Rückspiegel verschwindet. Er wird zwar dann wieder andere attackieren, aber Sie sind ihn erst mal los.
Mit Schwierigkeiten muß man auch bei den Rückblick-Behinderten rechnen. Damit sind Partner gemeint, die nach hinten völlig blind fahren. Was andere auf ihren Koffer kleben, kleistern sie auf ihre Rückscheibe. Oder sie verstellen den Ausblick nach hinten mit allen möglichen Klamotten und hoffen dann darauf, daß der Hinterherfahrende zum Gedankenleser wird und voraussehen kann, wann sie wie im Blindflug die Spur wechseln. Für Motorradfahrer sind diese Typen extrem gefährlich, wenn man rechts vorbei will und solche Fahrzeuge keinen rechten Außenspiegel haben. Fahren Sie dann nie zu dicht auf und möglichst seitlich versetzt: Sie werden merken, wie sehr es Ihnen fehlt, daß Sie nicht durch die Scheiben des Fahrzeugs vor Ihnen sehen können, um zum Beispiel Brems- und Blinklichter in der Kolonne weiter vorn zu beobachten. Halten Sie vor allen Dingen beim Überholen weiten Seitenabstand ein, damit Sie von einem unkontrollierten Schlenker des anderen nicht sofort in der Flanke erfaßt werden.
Zu böser Letzt möchten wir noch auf den »Motorradfahrer-Killertyp« hinweisen. Er wird zwar immer seltener, aber es gibt ihn noch. Kaum zu glauben, aber wahr: Er kann einen Motorradfahrer kaltblütig auflaufen lassen – aus Ärger darüber, daß der Zweiradler noch durchkommt, wo für vier Räder kein Platz mehr ist. Wenn Sie bemerken, daß einer geradezu mit Absicht Ihre Weiterfahrt verhindern will, dann sollten Sie schon im Ansatz etwas dagegen tun. Das heißt fort aus seiner Nähe, so schnell Sie können. Im Nachhinein ist es schwierig nachzuweisen, daß Autofahrer bewußt und kriminell Zweiradfahrer bedrängen. Viele tun das übrigens wirklich, weil sie nicht darüber klar sind, in welche Gefahr sie Motorradfahrer dabei bringen können. Sie lassen es deshalb ruhig mal darauf

ankommen, daß es knapp wird, und sie halten für einen Spaß, was für den Motorradfahrer Krankenhaus oder Friedhof bedeuten kann.
Bleibt nur noch der Schlußsatz, daß beim Motorradfahren in der Nähe anderer stets Vorsicht die Mutter der Porzellankiste sein muß. Denn Vertrauen ist gut, aber Mißtrauen ist besser, wenn es vor Schaden schützt. Wer vor Überraschungen durch andere sicher sein möchte, sollte seinen Blick für hilfsbedürftige und schwierige Partner trainieren. Schrittweise und ganz von selbst wird dann das Talent zum Unterscheiden der einzelnen Typen immer mehr verfeinert, die Kenntnisse über spezielle Eigenarten und Verhaltensweise werden erweitert. Wer dieses Training intensiv und mit Ausdauer betreibt, kann bald schnell und sicher beurteilen, welchem Partner er trauen kann und bei welchem er höllisch auf der Hut sein muß.

Mit 80 Kubik kann man auch im Winter fahren. Auf zwei Rädern muß man dabei aber höllisch aufpassen, besonders wenn wie hier in der Bildsituation die Fahrbahn teilweise mit Schnee bedeckt ist. Aber auch Fußgänger haben bei so einem Wetter Probleme. Auf matschigen oder schneebedeckten Straßen sind Fußgängerüberwege erst sehr spät zu erkennen. Hier ist zudem ein Teil des Bürgersteigs durch hohe Schneewälle bedeckt. Das Überqueren der Straße kann deshalb nur durch die Lücke erfolgen, die auf Höhe des Zebrastreifens freigeschaufelt ist. Achten Sie dann auch auf Fußgänger, die noch etwas weiter weg sind, denn wie schnell einer querkommen kann, zeigt der Situationsablauf im unteren Bild.

Wenn Straßen sprechen könnten

Wer ein bestimmtes Ziel erreichen will und mit der Gegend nicht vertraut ist, braucht einen Kompaß und eine gute Landkarte. Sonst läuft er vielleicht nur ständig im Kreis herum oder findet höchstens durch Zufall den gesuchten Punkt. Der Zufall aber ist ein launischer Geselle, und wer zu sehr auf ihn vertraut, der riskiert, daß auch mal etwas schiefgeht. Passieren kann dabei nicht viel – schlimmstenfalls erreicht man sein Ziel später als einer, der sich gut auskennt. Ganz andere Folgen hat es aber oft, wenn ein Kraftfahrer nicht straßenkundig ist: Das heißt, daß er die speziellen Gefahren nicht kennt, die von Straßen ausgehen können. Da gibt es eine Menge Gemeinheiten, die man serviert bekommen kann. Vielleicht denken Sie jetzt, was soll das Gerede von Straßenkunde: Straßen sind dafür gebaut worden, daß man darauf fahren kann, und alles andere ist mir als Motorradfahrer egal. Ganz so ist es aber nicht, und Sie werden beim Weiterlesen bald feststellen, wie wichtig die Merkmale sind, die auf oder neben der Fahrbahn Hinweise auf Gefahren geben oder die Orientierung erleichtern können. Straßen können zwar nicht wie Menschen sprechen. Doch das muß auch nicht sein. Ein Straßenkundiger versteht die lautlose Sprache dieser Merkmale, und er kann deshalb Fallen vermeiden, in die andere ahnungslos hineintappen – weil sie für diese Sprache taub sind.

Tiefenpsychologie der Straße.

Es gibt nichts Schlimmeres, als bei stockdunkler Nacht auf einer kurvenreichen Strecke unterwegs zu sein mit einem Scheinwerfer, der richtig schön verdreckt ist. Bei so mieser Sicht fährt nur ein Mensch mit ausgewachsenem Dachschaden genauso schnell, wie er es am hellen Tag täte. Noch schlimmer sind Fahrten bei dichtem Nebel. In dieser milchigen

Der Charakter einer Straße ändert sich mit ihrem Verlauf. Hier sind zwei Beispiele dafür. Auf der links gezeigten Strecke stößt der Blick des Fahrers immer wieder an einer Wand an, statt weiterzulaufen – ein unbehagliches Gefühl ist die Folge: Unsicherheit durch Unübersichtlichkeit. Ganz anders die Straße rechts. Hier fehlt es dem Auge eher an Abwechslung, die Aufmerksamkeit wird herabgesetzt, das gefahrene Tempo unterschätzt. Plötzlich auftretenden Gefahren steht man oft hilflos gegenüber.

Soße wird das Vorwärtskommen oft zur Qual. Erleichtert begrüßt man dann, wenn der undurchsichtige weiße Vorhang endlich wieder aufreißt und einen Blick in die Tiefe der Straße ermöglicht. Es gäbe noch viele Beispiele dafür, wie dieser fehlende Blick in die Tiefe einen Fahrer sofort unsicher machen kann. Das ist aber nicht nur bei der motorisierten Fortbewegung so. Wer durch einen stockdunklen Wald laufen muß, tut das auch nicht wie bei einem Wettrennen. Er geht vielmehr nur ganz vorsichtig mit ausgestreckten Armen weiter, um zu fühlen, wo ein Baum steht, an dem er sich den Kopf stoßen könnte. Als Fußgänger reagiert der Mensch sofort mit Zurückhaltung, wenn er nicht weit genug sehen kann. Unverständlicherweise verhalten sich viele als Kraftfahrer ganz anders. Der Beweis dafür ist die hohe Zahl von Kurvenunfällen, bei denen das Tempo nicht mit der Übersicht harmonierte.

Für die Wahl der Geschwindigkeit sollten deshalb die Tiefenmerkmale einer Straße bestimmend sein, besonders dann, wenn die Tiefeneinsicht verkürzt ist. Wer mit unvermindertem Tempo auf ein unübersichtliches Straßenstück zufährt, braucht sich über unangenehme Überraschungen nicht zu wundern. Wenn Sie beispielsweise auf einer bolzgeraden Waldstraße unterwegs sind und in der Ferne sehen, daß Bäume plötzlich quer zur Fahrbahn stehen, dann müßten Sie schon ein ahnungsloser Engel sein, wenn Sie das Gas stehenließen – im Glauben, es gehe bis in alle Unendlichkeit geradeaus weiter. Mit Sicherheit kommt nämlich dann eine Kurve, oder die schnelle Weiterfahrt ist an einer Einmündung zu Ende; denn sonst würden die Bäume längs und nicht quer zur Straße stehen. Von dieser Sorte ahnungsloser Engel muß es aber eine ganze Menge geben. Wie wäre es anders möglich, daß so viele aus Kurven herausfliegen oder mit Querverkehr zusammendonnern? Die Tiefeneinsicht in eine Straße kann aber auch durch tiefstehende Sonne stark verkürzt werden, besonders auf kurvigen Strecken, wo der Einstrahlwinkel und damit die Lichtverhältnisse stark wechseln. Hier sind durch eine plötzliche Blendung sehr leicht Spurfehler möglich. Abkommen von der Fahrbahn ist dann nicht selten, speziell wenn man kurz vor einer Linkskurve Sichtprobleme hat. Es kann aber auch zu Kollisionen mit dem Gegenverkehr kommen, falls man direkt vor einer Rechtskurve geblendet wird und der Spurversatz nach links auf die Gegenfahrbahn führt. Auf Autobahnen gibt es selten Kurven. Hier gewöhnt sich das Auge auf langen Fahrten an den ständigen weiten Blick in die Tiefe und auch an das höhere Tempo, das eingehalten werden kann. Die Ausfahrten laufen aber nur in den seltensten Fällen geradlinig weiter. Jeder, der Autobahnerfahrung hat, weiß das. Trotzdem kommt es gerade beim Verlassen von Schnellstraßen sehr oft zu schweren Unfällen, weil viele dann vom langen Geradeausfahren noch so in »Schwung« sind, daß sie die Krümmung der Ausfahrtkurve unterschätzen. Schalten Sie deshalb vor Ausfahrten konsequent um einige Gänge zurück, besonders wenn die Fahrbahn rutschig ist. Zusätzlich empfiehlt sich aber noch die Tachokontrolle, damit man wirklich genau weiß, wie schnell man ist.

Bei Nacht kann der Blick in die Tiefe nur so weit vordringen, wie es die Reichweite der Scheinwerfer erlaubt. Beim Fahren mit Abblendlicht ist

Das oft nicht sehr starke Scheinwerferlicht der Leichtkrafträder und seine geringe Reichweite sollten für Sie Grund genug sein, nachts nicht schneller zu fahren als es die Sichtweite erlaubt: das heißt, daß Sie noch genug Anhalteweg haben müssen, wenn ein Hindernis in Sicht kommt. Wie unterschiedlich zudem die Erkennbarkeit sein kann, zeigen die beiden Fußgänger im Bild: Der rechte im hellen Mantel strahlt förmlich im Lichtkegel, der andere, dunkel gekleidete ist kaum wahrzunehmen. Ein verkratztes oder verschmutztes Visier kann dafür sorgen, daß Sie so einen Finsterling noch später erkennen – vielleicht zu spät.

die Strecke, die Sie mit Ihrer Glühlampe ausleuchten, nicht gerade übermäßig groß. Sind Sie dann so schnell, daß Sie nicht innerhalb der übersehbaren Strecke anhalten können, kann die flotte Weiterfahrt sehr leicht durch einen Fußgänger oder ein anderes Hindernis unsanft gebremst werden – ganz einfach weil Sie zu spät erkannt haben, was sich vor Ihnen abspielt. Um vor solchen Gefahren sicher zu sein, sollten Sie sich deshalb den Merksatz einprägen: Geschwindigkeit sofort der Sichtweite anpassen, wenn sich die Tiefeneinsicht in eine Straße verkürzt.

Am Rande bemerkt.

Daß Brücken Geländer haben, hat seinen Grund. Wenn sie fehlten, würde ab und zu mal einer vom rechten Weg abkommen und eine Luftreise antreten. Auch die Leitpfosten stehen nicht neben der Straße, um die Landschaft zu verschönern. Der Hauptzweck solcher Randelemente ist, Grenzen zu zeigen, die man besser nicht überschreiten sollte. Wie segensreich beispielsweise Leitpfosten sein können, das merkt man

Hinter der Kuppe rückt die Straße in den Schatten. Im Winter bedeutet das immer Glättegefahr. Wenn dann noch langsame Fahrzeuge und Gegenverkehr unterwegs sind, kann es böse Ausrutscher geben (unten).

spätestens auf einer Landstraße im dichten Nebel: Andere Orientierungshilfen wie Bäume oder Sträucher sind dann nämlich nicht mehr sichtbar. Unsere Verkehrsplaner denken sich auch etwas dabei, wenn sie weiße Linien auf die Straße malen lassen. Damit wird der Verkehrsraum optisch klar abgegrenzt. Jeder weiß dann, daß er zum Beispiel beim Überqueren der Leitlinie in der Mitte der Fahrbahn in den Bereich des Gegenverkehrs eindringt. Und wenn einer zu nahe an eine weiße Randmarkierung herankommt, riskiert er einen Ausflug ins Gelände. Wer schon einmal in einer richtigen »Waschküche« unterwegs war, der hat die weißen Linien in der Mitte der Straße als wertvolle Orientierungshilfe schätzen gelernt. Man klammert sich mit den Augen regelrecht daran fest, um nicht auf »Abwege« zu geraten. Sie sehen also: Einiges, was sich so am Rand des Fahrraums tut, ist sehr wohl wert, beachtet zu werden.
Außer den künstlichen Orientierungshilfen – Leitlinien, Leitplanken oder Leitpfosten – gibt es aber auch noch eine Menge natürlicher Randelemente, die das Auge führen, manchmal aber auch verführen können. Daß

Zweimal die (fast) gleiche Kurve: gleicher Radius, gleiche Straßenbreite, gleiche Fahrbahndecke. In welcher würden Sie schneller fahren? Ganz klar: oben, wo Sie schön freie Sicht haben, und nicht unten, wo Sie unter Umständen geradeaus in die Bäume segeln könnten. Genau deswegen wird auch die Kurve im oberen Bild viel öfter zu schnell genommen, mit anschließendem Ausflug ins Grüne. Sie sollten sich also von der freundlichen Offenheit dieser Biegung nicht verführen lassen. Am besten glauben Sie auch dort, Sie stünden – wie unten – im Wald.

Der Bahnübergang, auf den Transporter und Zweirad im Bild zufahren, ist tükkisch: Die Schienen liegen hier in einer Kurve und sind überhöht, so daß sich für den Straßenverkehr eine Art Sprungschanzen-Wirkung ergibt. Der Motorradfahrer merkt es spätestens daran, wenn sein Vordermann beim Überqueren das Heck nach oben streckt. Aufmerksame Leute wären aber auch schon früher darauf gekommen – der Höhenunterschied zwischen dem vorderen und dem hinteren Andreaskreuz hätte ihnen zu denken gegeben. In jedem Fall empfiehlt es sich, an unbekannte Bahnübergänge mit großer Vorsicht heranzufahren.

Bäume, Sträucher, Häuser oder Zäune am Straßenrand keine Bedeutung für den Motorisierten haben, glaubt nur einer, dem noch nie so richtig bewußt geworden ist, wie gerade diese festen Elemente das Fahren erleichtern oder erschweren können. Die nachfolgenden Bildbeispiele sollen das verständlicher machen. Der Blick auf den Straßenrand ist bei schwierigen Sichtverhältnissen (Dunkelheit, Nebel oder starkem Schneefall) für jeden Fahrer eine Selbstverständlichkeit. Man sollte ihn aber auch unter günstigen Bedingungen nicht vergessen. Es empfiehlt sich deshalb, routinemäßig – so wie man immer wieder den Tachometer kontrolliert oder in den Rückspiegel schaut – ab und zu auf die Randzonen zu achten und jede Veränderung zu registrieren, die für die Geschwindigkeitswahl oder für eine Erhöhung des Aufmerksamkeitsgrades wichtig werden kann. Erfahrungen, die man dabei sammelt, schärfen mit der Zeit ganz von allein den Blick für Stellen, die durch Randelemente sicherer oder gefährlicher werden.

Gemein ist, was man nicht erwartet.

Wer auf einer Haustreppe das Schild »Frisch gebohnert« nicht ernst nimmt, kann lernen, für wie lange Zeit sich die Stufen dem verlängerten Rücken schmerzhaft einprägen können. Will man also nicht unfreiwillig einige Tage auf dem Bauch schlafen, sollte man solche Warnungen beachten. Der Boden, auf dem wir laufen, kann nämlich manchmal hundsgemeine Tücken haben. Aber das führt nur zu unangenehmen Folgen, wenn man diese Hinterhältigkeiten nicht erwartet. Die Basis, auf der wir uns als Motorradfahrer bewegen, ist die Fahrbahn. Mit ihr sollte man sich nie auf Händel einlassen, weil man dabei in der Regel den kürzeren zieht. Welche Merkmale dieser Basis sollte man deshalb beachten? Als erstes die Breite der Fahrbahn. Wenn Sie auf einem schmalen Balken in luftiger Höhe balancieren wollen, tun Sie das anfangs gewiß nicht wie ein Profi-Seiltänzer, der so sicher das Gleichgewicht hält, wie es sonst nur ein Mondsüchtiger fertigbringt. Und auf der Straße? Wenn Sie allein auf

Die feuchte Spur am rechten Fahrbahnrand (oben) ist schon nicht sehr nett, Abstandhalten ist angebracht. Aber machen Sie sich auch Gedanken darüber, wie es hinter der Kurve aussehen kann? Die Spur könnte zum Beispiel breiter werden. Oder, noch schlimmer und im unteren Foto der Fall, von rechts mündet ein Waldweg ein, aus dem Autos Dreck auf die Straße geschleppt haben. Dahinter wartet noch ein haltender Lastwagen auf Sie. Und jetzt bremsen Sie mal schön.

der Fahrbahn sind, hängt es nur von Ihnen ab, was Sie aus dem jeweiligen Raumangebot machen. Solange man sehen kann, daß keiner von vorn, von hinten oder von der Seite kommt, ist auch auf einer schmalen Straße höheres Tempo keine Todsünde. Diese idealen Voraussetzungen gibt es aber recht selten: In der Regel muß man den Straßenraum mit anderen teilen. Manchmal knabbern die sogar den Platz an, der eigentlich nur Ihnen zusteht. Dazu ein Beispiel. Sie fahren auf einer unübersichtlichen, kurvenreichen Strecke fein säuberlich auf Ihrer Straßenseite, ohne diese auch nur um einen Millimeter zu verlassen. Im treuen Glauben, daß andere auch so konsequent die Regeln beachten, nähern Sie sich nicht gerade zahm einer Kurve. Für Sie unsichtbar kommt aber aus der Gegenrichtung ein Lastwagen mit Langholz. Mit einem so großen Fahrzeug muß man, wenn das Heck nicht irgendwo hängenbleiben soll, vor einer Rechtskurve mehr oder weniger weit nach links ausholen. Auf schmalen Straßen gerät man dabei zwangsläufig auf die Seite, die eigentlich dem Gegenverkehr zusteht. Das geschieht nicht aus schlechter Gewohnheit, sondern weil es fahrtechnisch gar nicht anders möglich ist. Sind Sie nur ein bißchen zu schnell, wenn plötzlich so ein Ungetüm vor Ihrer Nase auftaucht – noch dazu in einer Linkskurve, wo Sie ebenfalls aus fahrtechnischen Gründen etwas mehr Raum nach links brauchen als sonst –, dann bleibt meist nur noch die Flucht ins Gelände, oder Ihrer flotten Weiterfahrt wird abrupt durch die »Stirnbremse« ein Ende gesetzt. Sie sehen, daß die Breite der Fahrbahn mitunter zu einem lebenswichtigen Merkmal werden kann, das man einkalkulieren sollte. Es empfiehlt sich deshalb besonders in engen und unübersichtlichen Kurven, den eigenen Fahrstreifen nicht bis zum letzten Millimeter auszunutzen. Macht nämlich ein Entgegenkommer einen Fehler und braucht deshalb mehr Platz als ihm zusteht, kann das auch für ein so schmales Gefährt wie das Motorrad zu einer äußerst gefährlichen Falle werden. Auf breiten Straßen ist das weitaus harmloser, weil dort für Ausweichmanöver meist genügend Raum zur Verfügung steht.
Der seitliche Spielraum wird aber nicht nur von der Breite der Straße bestimmt, sondern auch vom gefahrenen Tempo: Je niedriger die Geschwindigkeit, um so geringer der Raumbedarf. Wenn Sie mit 20 km/h unterwegs sind, können Sie sich dem Randstein getrost einmal auf 10 oder 15 Zentimeter nähern. Mit 80 auf dem Tacho wagt sich nur ein Lebensmüder so dicht heran. Durch eine Verminderung des Tempos schafft man sich also zusätzlich Raum für den Fall, daß er benötigt wird. Die Breite einer Fahrbahn ist deshalb entscheidend für die Wahl der Geschwindigkeit, weil von diesem Maß ein Großteil der Sicherheit abhängt. Ähnlich ist es mit dem Seitenabstand zu anderen. Wieviel ein Fahrer davon braucht, ist von seinem Können und seiner Erfahrung abhängig. Auf dem schmalen Motorrad sind Sie da gut dran. Für die anderen auf vier Rädern sollten Sie aber immer etwas mehr Platz lassen

Ein so mieses Sträßchen mit einem so ausgefransten Fahrbahnrand kann für Sie nur eins bedeuten: nicht mehr in die schöne Landschaft gucken, sondern vor die Maschine. Wenn sie hier nicht strichgenau fahren und bei Gegenverkehr zu weit nach rechts kommen, kann es einen hübschen Tanz geben. Lieber runter vom Tempo – 80 können hier schon viel zuviel sein.

als Sie selbst benötigen würden: Das ist der beste Schutz vor unliebsamen Überraschungen. Denken Sie auch stets daran, daß Sie auf Ihrer Maschine in Schräglage fast doppelt so breit werden können als wenn Sie geradeaus fahren. Kalkulieren Sie das ein, wenn Ihnen in Kurven Autofahrer entgegenkommen – denn daß Sie dann breiter werden, davon haben die meisten keine Ahnung.
Zweites wichtiges Merkmal einer Straße ist ihre Neigung. Die meisten Fahrbahnen aus neuerer Zeit sind topfeben. Im Gegensatz dazu sind die alten häufig noch schön rund gewölbt. Bei höherer Geschwindigkeit ist das Fahren auf solchen Baudenkmälern nicht ganz ungefährlich. Ihre bucklige Form läßt in Kurven Fliehkräfte auftreten, die schon manchem Motorradfahrer arg zu schaffen machten. Kommen dann noch Unebenheiten dazu, wie nicht selten auf alten Straßen, dann kann auch einem

Regen, Kopfsteinpflaster, Schienen – hier sind alle Segnungen für Motorradfahrer auf einem Fleck. Es fehlt nur noch Öl auf der Straße, und das findet sich an solchen Stellen auch besonders häufig. Wer an einer solchen Ecke nicht langsam tut, wird voraussichtlich nie ein Gefühl für Fahrbahnzustände bekommen.

An dieser Stelle wären wir, wenn wir Sie wären, ganz supervorsichtig. Die Schachtabdeckung sieht überhaupt nicht vertrauenswürdig aus. Wenn Sie aus Holz oder Metall besteht, ist sie immer glitschig; der Lehm von der Baustelle sorgt dafür, daß die Feuchtigkeit sich lange hält. Außerdem können die Platten wacklig sein, und die Stufe ist auch nicht ohne. Daß Ihnen schließlich unaufmerksame Bauarbeiter in den Weg laufen könnten, kommt noch dazu.

guten Fahrer die Maschine sehr schnell außer Kontrolle geraten. Deshalb sollten Sie auf stark gewölbten Straßen selbst bei trockenem Wetter und besonders in Kurven grundsätzlich die gleiche – niedrigere – Geschwindigkeit wählen wie auf einer gut ausgebauten Strecke dann, wenn sie besonders rutschig ist. Damit haben wir auch gleich den Anschluß an das letzte wichtige Basismerkmal gefunden: die Beschaffenheit der Fahrbahnoberfläche. Wir setzen voraus, daß Ihr Fahrzeug technisch immer topfit ist. Das ist aber nur die eine Seite des Fahrens, sozusagen die obere. Die untere Seite ist das Stück Straße, auf dem Sie gerade dahinrollen. Wie schnell Sie das tun können, hängt nicht zuletzt davon ab, in welchem Zustand sich die Fahrbahndecke befindet. In der Regel kann man sich darauf verlassen, daß gefährliche Veränderungen oder Tücken wie große Schlaglöcher, starke Frostaufbrüche oder Querrillen durch warnende Verkehrszeichen angekündigt werden. Andere Risiken muß man dagegen auch ohne behördliche Mahnung erkennen. Vor ihnen ist man gerade als Motorradfahrer auf keiner Straße sicher.
Dazu gehören vor allen Dingen Fahrbahnen mit Belagwechsel. Sie findet man häufig, wenn Straßen ausgebessert wurden. Hier müssen Sie sich auf zwei Rädern – besonders bei Nässe – äußerst zahm verhalten. Wo geflickt wurde, erkennen Sie meist an der unterschiedlichen Färbung des Belags. Frische Teerstellen sind dunkler und glänzen bei Nässe stärker als abgefahrene. Unangenehm am frischen Teer ist, daß er weit weniger griffig ist als alter Asphalt. Die Länge des Bremswegs und überhaupt die Bodenhaftung hängen aber nun einmal von der Griffigkeit der Fahrbahn ab. Auf einer rauhen Betonbahn sind deshalb sogar bei Nässe weitaus kürzere Bremswege und höhere Kurvengeschwindigkeiten möglich als

Schienen haben etwas gegen Zweiradfahrer, und umgekehrt. Wenn man freilich weiß, wie man es anfangen muß, ist der Kampf mit den stählernen Gleisen nur noch halb so schlimm. In Längsrichtung (oberes Bild) sollte man sie möglichst nicht so anschneiden wie es hier gezeigt wird. Lieber Abstand von den Schienen halten oder, wenn man doch darüber muß, in stumpfem Winkel fahren und nicht zu früh gegenlenken, damit das Hinterrad erst noch aus der Gefahrenzone kommt. Auch wenn die Gleise quer liegen (Bild zwei), haben sie ihre Tücken. Mit Schräglage sollte man hier sparsam umgehen und auch auf eine heftige Bodenwelle gefaßt sein.

auf einer neu geteerten Straße. Aber auch bei Trockenheit kann frischer Teer Motorradfahrern beim Verzögern oder in Schräglage gefährlich werden. Bei Ausbesserungsarbeiten wird nämlich die feuchte Teerschicht häufig mit Splitt bestreut, und dann kann selbst bei strahlendem Sonnenschein eine Straße zur Rutschbahn werden. Das gleiche droht oft im Bereich von Baustellen. Hier muß man stets mit Fahrbahnverschmutzung durch Transportfahrzeuge rechnen. Ebenso kann es durch gelagertes Material oder auf Schotterstrecken zu Schwierigkeiten kommen. Verkehrszeichen, die davon warnen, sollte man unbedingt beachten und auch eventuelle Überholverbote oder Geschwindigkeitsbeschränkungen genau befolgen. Autobahnbaustellen haben ihre besonderen Tücken an den Stellen, wo der Verkehr auf die Gegenfahrbahn übergeleitet wird. Dieser Übergang ist meist gewölbt, und das kann bei zu hohem Tempo

In Kurven liegen oft Dinge, die da nicht hingehören. Hier hat einer ein paar Kilo Sand verloren, und obwohl das deutlich zu sehen ist, donnert der Junge auf der Achtziger mit einiger Schräglage in die Gefahrenzone hinein. Erfolg: Er muß gewaltig zaubern, daß es ihn nicht von seinem Esel reißt. Der Schlenker war völlig unnötig, der wilde Reiter hätte nur die Augen aufmachen müssen.

leicht zu einem Schlenker oder zum Abheben führen. Oft ist dort aber schneller Gegenverkehr in Hautnähe, und wenn man dann auf dem Gegenfahrstreifen landet, kann man nur noch hoffen, daß sich Entgegenkommer in Luft auflösen. Besondere Beachtung verdienen im Baustellenbereich die Nagelreihen, mit denen die Fahrstreifen abgegrenzt werden. Die Vierrädrigen nehmen solche Unebenheiten klaglos hin. Kommen Sie aber – vielleicht sogar bei Nässe – auf diese runden Kunststoffknöpfe, dann kann das Ihre zwei Räder ganz schön außer Kurs bringen.

Stimmt Ihre Geschwindigkeit, sind trockene, saubere Kurven meist problemlos. Anders jedoch, wenn Materialien auf der Straße sind, die dort eigentlich nicht hingehören. Das kann Wasser aus einem Putzeimer sein oder von einer Wagenwäsche. Auch an einem sonnigen Tag kann dadurch eine scharfe Biegung unangenehm glitschig werden. Noch gefährlicher sind aber große Sandflecken oder Öllachen. Sand kommt nicht nur von Baustellen auf die Fahrbahn. In Kurven fällt er auch gern von überladenen Lastwagen herunter. Ist die Gegend allgemein sandig,

Vor allem im Frühjahr und Herbst wird viel Dreck von den Äckern auf die Straßen geschleppt. Meist ist es dann noch feucht, so daß eine für Zweiradfahrer gefährliche Schmiere entsteht. In landwirtschaftlich genutzter Gegend müssen Sie immer mit plötzlichen Lehmspuren rechnen.

wird er auch vom Bankett auf die Straße getragen. Beim Bremsen und in Kurven wirken die Sandkörner wie Kugellager zwischen Reifen und Asphalt: Sie setzen die Reibung herab, und was beim Lager sehr erwünscht ist, kann bei Ihnen zu einem Ausrutscher führen – vor allem dann, wenn die Reifen Ihres Fahrzeugs nicht mehr viel Profil haben, in das sich der Sand verkriechen kann. Auch angeschwemmter Kies oder Sand nach starken Gewitterregen ist schon manchem Fahrer zum Verhängnis geworden, der dafür zu schnell war. Bei Nacht sind solche Veränderungen noch tückischer, weil man sie einfach zu spät erkennt.
Wir sprachen in einem früheren Kapitel von Fahrbahnmarkierungen als angenehmen Orientierungshilfen. Verschwiegen haben wir dabei, daß diese Kunststoff- oder Farbstreifen für Motorradfahrer eine äußerst unangenehme Eigenschaft haben. Sie können nämlich, wenn sie naß sind und man beim Bremsen darauf gerät, zum Rutschen oder Schleudern führen. Vor allem großflächige Malereien wie Zebrastreifen oder Richtungspfeile sind dann mitunter so teuflisch glatt, daß nur Zauberkünstler die Maschine halten können, wenn sie erst einmal ins Trudeln gekommen ist.

Mit Viehzeug aller Art ist nicht zu spaßen. Schafherden begegnet man mit Vorliebe hinter unübersichtlichen Kurven; wer da zu schnell ist, kann Hammelragout produzieren. Wo die wolligen Vierbeiner gelaufen sind, hinterlassen sie auch unübersehbare Spuren: Ihr Dreck macht die Fahrbahn unangenehm rutschig. Das gilt auch für Kuhmist, obwohl der mehr konzentriert auftritt. Vorsicht ist allemal geboten. Auch den einhertrottenden Rindviechern sollte man nicht zu nahe kommen, wenn man nicht eine Blechkarosserie um sich hat. Erschrickt ein Ochse und macht er einen Sprung zur Seite, kann er Ihnen plötzlich auf dem Motorrad sitzen.

Aber auch in einem anderen Fall können sich Fahrbahnmarkierungen äußerst unbeliebt machen: Wenn sie in Vertiefungen eingelegt sind und das Material sich nach einiger Zeit senkt. Überquert man sie dann mit hoher Geschwindigkeit, versetzen die Räder und man kommt ganz hübsch ins Schlingern. Denken Sie daran besonders, wenn Sie auf Autobahnen zum Überholen ausscheren und dabei auf diese Streifen geraten können. Für das Aus- und Einscheren sollten Sie also nach Möglichkeit immer die Zwischenräume benutzen. Vermeiden Sie auch, die Markierungen in Längsrichtung zu befahren. Es kann Ihnen nämlich dabei ähnlich ergehen wie wenn Sie in Straßenbahnschienen hineingeraten.

Wenn Bremsspuren, schwarze Striche auf der Fahrbahn, so massenweise auftreten wie hier, muß an dieser Ecke etwas faul sein. Von nichts kommt nichts: Das ist eine Warnung für Sie. Bleiben Sie auf der Lauer und nehmen Sie das Gas weg, damit Sie nicht noch Ihr eigenes Reifengummi als Andenken hierlassen.

Jede Straße hat ihr eigenes Gesicht und ihren eigenen Charakter. Um zum Straßenkenner zu werden, braucht man aber keine übersinnlichen Fähigkeiten. Die Voraussetzung dafür ist ein geübter Blick für Signale, die von den Tiefen-, Rand- und Basismerkmalen ausgehen. Wer sich zur Gewohnheit macht, diese Merkmale zu beachten, der wird sich mancherlei nachteilige Überraschungen ersparen.

Was nicht im Kalender steht

Wann die Jahreszeit sich ändert und wieviel Wochen, Sonn- und Feiertage es gibt, das kann man von jedem Kalender ablesen. Welche Auswirkungen das aber auf den Straßenverkehr haben kann, darüber finden Sie kein Sterbenswörtchen. Daß es aber solche Einflüsse gibt, daran besteht kein Zweifel. Nehmen wir zuerst die Tageszeit unter die Lupe. Wer regelmäßig im Feierabendgedränge fahren muß, so zwischen 17 und 18 Uhr, der weiß, daß dann der Verkehr am allerdichtesten ist. In dieser Stunde ereignen sich doppelt so viele Unfälle wie in der Zeit des Berufsverkehrs am Morgen. Das ist fast nicht zu glauben, wenn man bedenkt, daß in der Frühe etwa die gleiche Fahrzeugdichte herrscht und die meisten Leute auch den gleichen Weg benutzen. Bei näherem Hinsehen ist dieser Unfallanstieg aber verständlich. Denn am Morgen sind die meisten noch frisch und bis auf wenige, die es eilig haben, nicht so nervös und aggressiv wie am Abend, wenn Ungeduld und vermindertes Reaktionsvermögen fast die Regel sind. Zudem denken viele auf dem Heimweg von der Arbeit an alles mögliche, nur nicht an die Risiken des Straßenverkehrs. Achten Sie deshalb im Feierabendverkehr besonders auf Ungeduldige, die dann nicht selten zu Ausbruchsversuchen neigen, weil sie das langsame Dahinkriechen nervt und sie nichts sehnlicher herbeiwünschen als das Ende der Fahrt.

Als Motorradfahrer haben Sie es leichter als im Auto, weil Sie mit Ihrem schmalen Vehikel auch im wildesten Gedränge fast immer noch Lücken finden, die ein schnelleres Vorwärtskommen ermöglichen. Denken Sie aber daran, daß Sie auch wachsame Autofahrer vor Wahrnehmungsprobleme stellen, wenn Sie dabei ständig Ihre Spur von links nach rechts wechseln: Die Beobachtungszeit ist einfach zu kurz. Wenn Sie sich zwischen Schlangen durchmogeln, haben Autofahrer manchmal nur eine Sekunde, um Sie zu bemerken. Und woher wissen Sie dann genau, ob nicht plötzlich einer in der Schlange nur mal so eben einen halben Meter

Vorn ist Rot, und zwischen den beiden Warteschlangen öffnet sich eine prima freie Mittelbahn. Da muß man doch einfach durchfahren nach vorn, damit man bei Grün der Erste ist und den Autofahrern eine lange Nase machen kann. Wenn Sie sicher sein können, daß die Ampel noch auf Rot steht, wenn Sie bei ihr ankommen, können Sie es zur Not so machen. Aber bei der Länge der Kolonnen im Bild ist das sehr unwahrscheinlich, und dann geraten Sie beim Losfahren der Autos wie zwischen eine Kette von Mühlsteinen.

nach links herausfährt, um die Ampel besser sehen zu können? Daß sich dann auch mal eine Tür öffnen kann, weil ein Autofahrer aus Langeweile den Aschenbecher ausleert, hat schon manchem Motorradfahrer ein unfreiwilliges Absteigen besorgt. Je mehr Schlafmützen auf vier Rädern in Ihrer Nähe sind, um so wacher müssen Sie auf Ihren zwei Rädern sein. Zeigen Sie besonders deutlich, welche Absichten Sie haben, denn Versteckspielen kann lebensgefährlich werden. Dazu gehört, daß Sie im dichten Stadtgedränge keinen Meter ohne Licht fahren. Müde Partner sind nämlich nicht zuletzt in ihrer Wahrnehmungsfähigkeit beeinträchtigt. Vergessen sollten Sie auch nicht, daß ein harter Arbeitstag an Ihnen ebenfalls nicht spurlos verübergeht und zumindest Ihr Reaktionsvermögen ankratzen kann. Bremsen Sie abends aber nur eine halbe Sekunde später als am Morgen, bedeutet das bei 50 km/h eine Verlängerung Ihres Anhaltewegs um etwa sieben Meter. Und was kann nicht auf sieben Meter Strecke alles herumstehen!

Samstags ist der Teufel los.

Um zu wissen, wie gefährlich Samstage und Sonntage im Straßenverkehr sind, braucht man nur mal am Montag in eine Tageszeitung zu schauen und dort die Unfallberichte zu lesen. Laut Statistik passieren am Samstag etwa 30 Prozent und am Sonntag sogar 40 Prozent mehr Unfälle als an anderen Tagen. Der Grund dafür ist ganz simpel. Zu dieser Zeit sind eine

Menge Sonntagsfahrer unterwegs, die ihren fahrbaren Untersatz eigentlich nur deshalb gekauft haben, um an Wochenenden wie Fußgänger auf Rädern in aller Ruhe die Landschaft genießen zu können. Daß von so ungeübten Fahrern nicht gerade Meisterleistungen in puncto Fahrzeugbeherrschung zu erwarten sind, liegt auf der Hand. Bauen Sie also an Wochenenden beim Abstandhalten und bei der Tempowahl noch größere Reserven ein als Sie es üblicherweise tun. Erhöhen Sie gegenüber Sonntagsfahrern auch das Maß Ihres Mißtrauens. Vermeiden Sie an Wochenenden, wenn es möglich ist, die stark frequentierten Hauptstraßen. Es gibt eine Menge schwierigere Nebenstrecken, wo Sie kaum Autofahrer finden – eben weil es dort nicht so bequem ist wie auf einer breit ausgebauten Durchgangsstraße. Nebenstrecken sind auf dem Motorrad schon deshalb vorzuziehen, weil sie fahrerisch viel mehr bieten: nicht nur, weil andere kaum noch stören, sondern weil zum zünftigen Motorradfahren auch Kurven der verschiedensten Art gehören, Bodenwellen, denen man ausweichen muß – einfach der höhere Schwierigkeitsgrad, der auch höhere Anforderungen stellt. Und das macht auf einem Motorrad ja viel mehr Spaß, als auf einer bolzgeraden Strecke durch die Gegend zu dösen.

Der Segen von oben.

Daß die wechselnden Jahreszeiten für Motorradfahrer mit besonderen Problemen verbunden sind, beweist schon die Tatsache, daß im Winter kaum noch Zweirädrige auf der Straße anzutreffen sind. Das liegt nicht nur an der Kälte; dagegen könnte man sich warm anziehen. Der Hauptgrund ist, daß die Fahrbahnverhältnisse dann manchmal sehr schwierig sind und deshalb von Fahrsicherheit kaum noch die Rede sein kann. Mit

Besonders gemein sind Fahrbahnen bei beginnendem Regen. Dann bildet sich eine Schmiere aus Feuchtigkeit, Staub und Gummiabrieb, die Straße wird vorübergehend sehr glatt. Erst längerer kräftiger Regen spült sie sauber.

Oben: Wenn die Fahrbahn schön speckig glänzt – egal ob sie, wie hier, naß ist oder trocken –, sollten Sie Ihre sieben Sinne sofort zusammennehmen. Glänzend heißt nämlich glatt, und glatt heißt ... na, Sie wissen schon.

Mitte: Bei so einem Wetter ist man auf dem Motorrad dumm dran. Eine leichte Achtziger ist dann zwar noch besser zu beherrschen als eine dicke 200-Kilogramm-Maschine. Aber man beschränkt sich trotzdem besser auf die allernötigsten Fahrmanöver, hält sich in den ausgefahrenen Spuren, vermeidet Überholen und bremst rechtzeitig vor Kreuzungen und Einmündungen. Auch kein schlechter Vorschlag: Motorrad zuhause lassen. – Unten: Motorradfahren im Winter kann Spaß machen, vor allem wenn man eine leichte Maschine hat, die man gut beherrschen kann. Aber die Risiken sind unbestreitbar höher. Selbst auf gesalzenen Straßen wie hier im Bild ist es oft sehr rutschig. Hinzu kommen Sichtmängel, und so ist es besonders wichtig, daß Sie stets mit Licht fahren.

Schlittenfahren zu zweit ist sicher sehr lustig. Auf dem Motorrad bleibt man im Winter aber besser allein. Was der Fahrer fürs Gleichgewicht der Fuhre tut, kann nämlich vom Sozius ganz schnell wieder kaputtgemacht werden; wenn er anders reagiert, dann kann es rasch einen Sturz geben.

einer geländetauglichen Maschine können Sie sogar auf schneebedeckten Straßen noch Ihren Spaß finden. Aber bei Glatteis werden Sie auch damit keinen Blumentopf gewinnen, und die Fahrerei wird zu einer höchst riskanten Angelegenheit.
Wer bei tiefem Schnee losfährt, weiß eigentlich von vornherein, was er zu erwarten hat und ist auch entsprechend vorsichtig. Viel gefährlicher dagegen sind die Übergangszeiten – ganz gleich ob Herbst oder Frühjahr. Da kann man unterwegs stets wetterbedingte Überraschungen erleben, die zu bewältigen ein hohes Maß an Fahrzeugbeherrschung verlangt. In Polizeiberichten kann man immer wieder lesen, daß es bei einem plötzlichen Wetterumschwung nach längeren Trockenperioden zu regelrechten Unfallserien kommt. Das liegt daran, daß sich viele Fahrer nicht rechtzeitig umstellen können und ihre Fahrgewohnheiten nicht den veränderten Gegebenheiten anpassen. Für den Herbst ist dabei typisch, daß sich die Bodenhaftung schlagartig verändern kann, und auch die Sichtverhältnisse sind häufig nicht die besten. Werden die Tage kürzer, wärmt die Sonne nicht mehr so gut und die Straßen bleiben nach Regenfällen viel länger feucht als im Hochsommer. Besonders im Schatten unter hohen Bäumen, zwischen Häusern oder Bodenerhebungen, wo die Sonne wegen ihres tieferen Stands nicht mehr hinkommt, hält sich oft noch Nässe, wenn alles andere schon abgetrocknet ist. Tiefstehende Sonne hält aber noch ein anderes Handikap bereit: Die Blendgefahr wird größer, und damit erhöht sich auch das Risiko für Motorradfahrer, nicht wahrgenommen zu werden. Sorgen Sie dann vorrangig für gutes Gesehenwerden. Wie man das erreichen kann, haben wir in diesem Buch schon mehrmals erwähnt. Im Herbst gibt es aber auch viel häufiger diesiges oder nebliges Wetter, und das Grau in Grau der Landschaft läßt dann

Bei Regen sind Motorradfahrer generell schlecht dran, und Sie auf Ihrem Leichtkraftrad besonders: Auf der Autobahn sind Sie in die rechte Fahrspur verbannt und werden von allen anderen mit Wasser überschüttet. Eingeschaltetes Abblendlicht und auffällige Kleidung – hier der helle Helm – sind dann lebenswichtig. Und natürlich auch, daß Sie nicht schneller fahren, als es Ihre eigene Sicht erlaubt.

Kontraste viel eher untergehen als wenn gute Sichtverhältnisse herrschen. Man kann sich dann auch nicht mehr so sehr auf schockfarbene Kleidung verlassen; die eigene Auffälligkeit muß durch ständiges Fahren mit Licht verbessert werden. Doch selbst davon geht bei schlechter Sicht

Im Nebel sind Sie mit Ihrer Maschine nur ein ganz kleiner Fleck, selbst wenn Sie – was selbstverständlich ist – mit Abblendlicht fahren. Die Gefahr ist, daß Sie viel zu spät erkannt werden, vor allem dann, wenn Autofahrer mit allzu hohem Tempo durch die dicke Suppe stechen.

nur eine begrenzte Warnwirkung aus. Um vor Überraschungen sicher zu sein, muß man als Motorradfahrer zudem die anderen in ihrem Fahrverhalten noch kritischer und aufmerksamer beobachten.
Wenn es um die Beobachtungen im rückwärtigen Verkehrsraum geht, sollten Sie sich darüber im klaren sein, daß Sie mit 80 Kubik nicht zu den Schnellsten gehören. Langsamere werden aber häufig überholt, und Ihre Aufmerksamkeit muß sich also auch nach hinten richten. Dazu kommt noch, daß man im allgemeinen auf zwei Rädern bei glatter Straße langsamer ist als die anderen auf vier Rädern: Die sind hier viel sorgloser, denn ein Ausrutscher ist von ihnen viel leichter wieder unter Kontrolle zu bringen. Daß dabei auch mal ein Motorradfahrer auf die Stoßstange genommen wird, den ein Autofahrer zu spät bemerkt hat, ist eine traurige Tatsache. Sie sollten also jede erdenkliche Vorsorge treffen, damit Sie nicht irgendwann einmal selber diese böse Erfahrung machen müssen. Vorbeugen können Sie, indem Sie regelmäßig kontrollieren, ob Ihre rückwärtige Beleuchtung intakt ist (zusätzlich kann ein reflektierendes Kennzeichen das Gesehenwerden verbessern). Außerdem ist häufige Rückspiegelbeobachtung unerläßlich, damit Sie Gefahren, die sich von hinten aufbauen, möglichst frühzeitig erkennen. Wenn Sie bemerken, daß es einer auf Sie abgesehen hat, weichen Sie, wenn es möglich ist, lieber ins Grüne

Der weitere Verlauf der Straße verschwimmt hier im Nebel, und auch die Alleebäume täuschen vor, daß es ohne Probleme weiter geradeaus geht. Da ist die Gefahr sehr groß, daß Seitenstraßen und Ausfahrten nicht rechtzeitig wahrgenommen werden. Umgekehrt können Fahrer, die auf die Hauptstraße biegen wollen, den herankommenden Verkehr erst spät erkennen. Motorradfahrer werden dann besonders leicht übersehen.

Das schöne bunte Herbstlaub kann sehr boshaft sein. Wenn Sie auf so einer Blätterschicht bremsen, kann sich ein glitschiger Keil unter Ihr Vorderrad schieben und als »Laubschlitten« für eine ungewollte Rutschpartie sorgen. Abhilfe: Bremse kurz lösen, damit der Reifen über die Blätter hinwegklettern kann und wieder festen Grund unters Gummi bekommt.

aus. Das ist immer noch besser, als von einer Tonne Stahl hinten gerammt zu werden. Das sind aber beileibe noch nicht alle Unannehmlichkeiten, die der Herbst dem Motorradfahrer zu bieten hat. Ein wunderschön gefärbter Wald ist zwar für viele Menschen eine Augenweide. Fallen die Blätter jedoch erst einmal von den Bäumen auf die Straße, läßt nicht nur ihre Schönheit nach. In Verbindung mit Regen können sie außerdem zu einer äußerst ekligen Schmiere werden, die man auf zwei Rädern nur so lange für harmlos hält, bis man damit zum ersten Mal unangenehme Bekanntschaft gemacht hat. Das kann beim Bremsen oder in Schräglage während der Kurvenfahrt oder beim Abbiegen sehr leicht passieren. Autofahrer helfen sich in solchen Situationen mit der »Stotterbremse«, einem pulsierenden Treten und Wiederloslassen des Bremspedals. Auf dem Motorrad ist das eine sehr fragwürdige Angelegenheit, weil Sie hier zwei Bremsen gleichzeitig bedienen müssen – und um das gleichmäßig mit Hand und Fuß hinzubekommen, müssen Sie ein absolutes Brems-As sein. In einem einzigen Fall sollten Sie das trotzdem versuchen, dann nämlich, wenn Sie es mit dem sogenannten »Laubschlitten« zu tun haben. Er ist auf dem nebenstehenden Foto genau erläutert.
Obst ist nicht nur zum Essen da, man kann es ausgepreßt sogar trinken. Bekommt man es aber sozusagen als Herbstüberraschung unverhofft serviert, vielleicht sogar während der Kurvenfahrt in zerquetschter Form, und fehlt es in einer solchen Situation auch noch an Ausweichmöglichkeiten, dann läßt der damit verbundene Ausrutscher meist nicht nur Obstflecken auf Ihrem Anzug zurück. In jedem Fall sind Sie dann auch um die

Erfahrung reicher, daß man in der Erntezeit beim Anblick von Obstbäumen in Straßennähe besser sofort die Hand vom Gas nimmt. Denn wenn Sie erst vor sich auf der Straße sehen, was los ist, kann es für Abwehrmaßnahmen schon zu spät sein. In unserer Wegwerfgesellschaft wird ja kaum noch Obst geerntet, und irgendwann kommt der Segen dann von oben und funktioniert die Fahrbahn für Motorradfahrer zu einer Rutschbahn um. In der Erntezeit sind aber auch die Landwirte häufiger unterwegs und tragen manchmal buchstäblich den Acker auf die Straße. Dieser Dreck, der im Herbst und Frühjahr im Bereich von Feldwegen oft in großen Klumpen herumliegt, sorgt beim Bremsen oder in Kurven nicht gerade für erhöhte Sicherheit. Da müssen Sie längere Bremswege einkalkulieren, vor allem wenn es dazu noch feucht oder naß ist. Fahren Sie hinter vollbeladenen landwirtschaftlichen Fahrzeugen her, müssen Sie außerdem stets darauf gefaßt sein, daß plötzlich etwas herunterfällt – und wenn es nur eine Kohlrübe ist, die Ihnen unverhofft vors Vorderrad trudelt. Dann müssen Sie schon ein recht gutes Stehvermögen haben, wenn davon nur ein Schreck zurückbleiben soll. Um so schlimmer, daß mitunter auch Strohballen oder Kartoffelsäcke auf die Straße kippen. Wir wollen hier nicht die Landwirtschaft in Bausch und Bogen schlechtmachen. Trotzdem muß gesagt werden, daß Traktoren häufig von Fahrern gelenkt werden, die zwar auf dem Feld recht gut damit umgehen können, auf der Straße aber wenig Übung haben. Und daß die Verkehrsregeln von ihnen nicht selten mißachtet werden, lehrt die Statistik auch. Deshalb sollten Sie sich im Umgang mit landwirtschaftlichen Fahrzeugen immer von gesundem Mißtrauen leiten lassen, besonders wenn eines vom Feld auf die Straße will oder im Bereich von Einmündungen oder Kreuzungen ein Abbiegevorgang in der Luft liegt. Dabei passieren mit dieser Art von Partnern die meisten Unfälle.

Alles neu macht der Mai.

Im Frühjahr erneuert sich nicht nur in der Natur so einiges. Wenn die Sonne wärmer zu scheinen beginnt, zeigt sich das auch auf der Straße. Die Zahl der Fahrzeuge nimmt sprunghaft zu, weil manche im Winter abgemeldet waren und nicht wenige Leute mit dem Neukauf auf schöneres Wetter gewartet haben. Auch die meisten zweirädrigen Fahrzeuge werden wieder »entmottet« und tragen ihren Teil dazu bei, daß die Unfallstatistiken mehr Futter bekommen. Viele »Winterschläfer«, die jetzt wieder draufsitzen, sind nicht mehr so ganz in der Übung, und auch eine Menge Führerscheinneulinge wird auf die Menschheit losgelassen. Die steigenden Unfallzahlen im Frühling haben aber noch einen weiteren Grund, und das ist die Hochstimmung, in die viele Zeitgenossen durch die ersten Sonnenstrahlen versetzt werden. Nicht ohne Grund wird der Mai auch als Wonnemonat bezeichnet. Nach den tristen Winterwochen erscheint alles wieder leichter, man traut sich mehr zu. Das ist nicht nur im täglichen Leben so, sondern auch im Straßenverkehr. Daß dabei manchmal etwas zuviel des Guten getan wird und der eine oder andere mehr wagt als es sein Können erlaubt, beweisen die stark steigenden Unfallzahlen durch Vorfahrtverletzungen, falsches Überholen oder riskantes Abbiegen. Reagieren Sie in der Nähe von Partnern, die durch solche Eskapaden auffallen, mit Zurückhaltung. Und wenn Sie Neulinge an ihrem unsicheren Verhalten erkennen, ist das Einkalkulieren von Fehlern ebenfalls der beste Selbstschutz. Spezielle Erschwernisse durch die Tages- oder Jahreszeit wird es immer geben. Die damit verbundenen Gefahren sind aber nur noch halb so schlimm, wenn man sie kennt und etwas dagegen tun kann.

In der heißen Jahreszeit kann es durch intensive Sonnenbestrahlung zu einem regelrechten Hitzeflimmern auf der Fahrbahn kommen. In dieser flirrenden Dunstschicht können sich entgegenkommende Fahrzeuge regelrecht verstekken. In der oberen Bildsituation ist der Pkw, der sich aus der Gegenrichtung nähert, kaum zu sehen. Erst im unteren Bild sind seine Konturen besser zu erkennen. Das kann bei Überholmanövern gefährlich werden, speziell wenn es sich um lange gerade Strecken handelt, auf denen in der Regel schnell gefahren wird.

Manöverkunde

Mit Volldampf auf Gegenkurs.

Wenn auf dem offenen Meer zwei Schiffe aufeinander zulaufen, gibt's einen Grund nie, weshalb sie zusammenstoßen können: daß der Raum zum Ausweichen nicht ausreicht. Das Meer ist weit, es stehen weder Häuser noch Bäume herum, mit denen man unsanft in Berührung kommen könnte, und die Anzahl der Schiffe, die auf dieser riesigen Fläche durch die Wogen stampfen, ist gering. So muß schon ein großer Zufall im Spiel sein, wenn zwei davon im hellen Sonnenschein aufeinander losgehen, um auszuprobieren, wer von beiden den anderen auf den Grund schicken kann. Aber auch das hat es schon gegeben. Vergleicht man das mit dem Straßenverkehr, kommt der um einiges schlechter weg. Hier ist es eher verwunderlich, daß beim Begegnen nicht mehr passiert, denn auf unseren oft sehr engen Straßen brausen ganze Rudel von Fahrzeugen verschiedenster Art von morgens bis abends, jahraus, jahrein mit Volldampf aufeinander los. Dazu kommt noch, daß es auf dem Meer praktisch keine Sichtprobleme gibt, während unsere Straßen mit Kurven, Kuppen oder ähnlichen Hindernissen regelrecht gesegnet sind. Weil es so oft gutgeht, halten viele Fahrer das Begegnen für etwas, worüber man gar nicht nachdenken muß. Sie kommen auch nicht auf den Gedanken, daß für sicheres Begegnen eine Menge fahrerisches Können notwendig ist und daß es ganz gewaltig kracht, wenn dabei Fehler gemacht werden.
Nun ist es eine menschliche Eigenart, daß man bei Vorgängen, die lange Zeit ohne Schwierigkeiten ablaufen, immer lässiger wird. Irgendwann einmal rechnet man überhaupt nicht mehr damit, daß etwas schiefgehen könnte. Doch aufgepaßt: Zum Begegnen gehören nämlich immer zwei. Und wenn an einem Vorgang mehrere beteiligt sind, kann man unter bestimmten Voraussetzungen nie so ganz sicher sein, daß sich die anderen immer richtig verhalten. Befindet man sich mit Volldampf auf Gegen-

Es ist immer mit hohem Risiko verbunden, an einer Schlange vorbei über eine Kreuzung zu donnern. Hier der Fahrer auf der schweren Maschine zeigt unfreiwillig, was dabei herauskommen kann. Der Audi von rechts war höflich hereingewunken worden und ahnt natürlich nichts von dem schnellen Motorrad-Mann. Der schlenkert zwar gekonnt, aber es wird – wegen des entgegenkommenden Verkehrs – verdammt eng.

kurs, bleibt zu wenig Zeit, auf eventuelle Fehler noch zu reagieren. Deshalb muß man die Stellen und Gelegenheiten kennen, wo es dabei erfahrungsgemäß zu Schwierigkeiten kommen kann. Zur Gefahrenabwehr sind zwei Eigenschaften sehr gefragt: Voraussicht und Augenmaß. Nehmen wir erst einmal die gefährlichen Stellen unter die Lupe. Sie sind, mit einem Satz gesagt, immer dort, wo Fahrbahnen – ganz gleich aus welchem Grund – plötzlich enger werden und zwei Partner aus verschiedenen Richtungen auf die Stelle zujagen. Typisches Beispiel dafür sind unübersichtliche Kurven. Hier wissen Sie nie genau, ob sich ein Entgegenkommer nicht viel dicker macht, als er eigentlich dürfte. Genauer gesagt: Es taucht in einer Linkskurve plötzlich vor Ihnen ein Personenwagen auf, der zu schnell ist und deshalb in Ihren Fahrstreifen abgetrieben wird. Wenn Sie dann selber auch nicht gerade langsam sind, sehen Sie ganz schön dumm aus. Denn eine Vollbremsung mit dem Motorrad im Kurvenbereich, noch dazu in Schräglage, war schon für manchen die

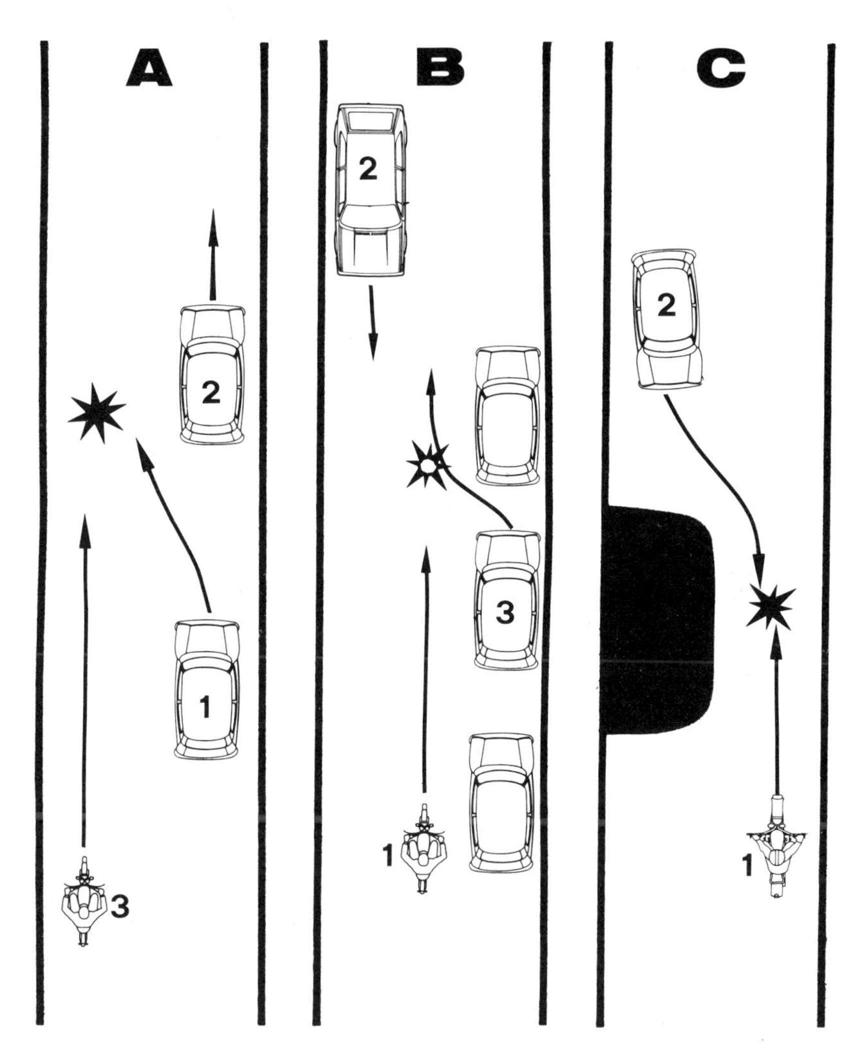

Drei Standard-Unfallsituationen und die zugehörigen Kollisionspunkte. Im Beispiel A überholt 1 den Wagen 2 und vergißt dabei, sich vorher davon zu überzeugen, daß hinten alles frei ist. Fahrer 3, der sich vielleicht auch schon im toten Winkel von 1 befand, prallt in Höhe des Hecks von 2 auf. Ohne Spiegel- und Schulterblick schert Fahrer 3 im Beispiel B aus seiner Parklücke aus und kommt dem von hinten auflaufenden 1 in den Weg. Der hat nur die Wahl, entweder mit 3 oder mit dem Entgegenkommer 2 zusammenzustoßen; der Aufprallpunkt liegt in beiden Fällen etwa dort, wo 3 an dem nächsten Parker vorbei in die durchgehende Fahrbahn einschwenkt. Im Beispiel C wollen zwei mit dem Kopf durch die Wand, nämlich jeweils als erster die Engstelle passieren. Das geht nicht gut, sie prallen mitten in dem Flaschenhals aufeinander.

Auf lockende Lücken dürfen Sie nicht hereinfallen. Wenn Sie beabsichtigt haben sollten, zwischen dem stoppenden Fiat rechts und dem Bierlaster durchzufahren, wären Sie kaum zu beglückwünschen gewesen. Da war nämlich noch einer, den Sie nur nicht gesehen haben und der jetzt (unteres Bild) die Lücke schließt. Der Zebrastreifen im Hintergrund hätte Sie schon mißtrauisch machen müssen; da gibt es immer plötzliche Halts und unübersichtliche Situationen.

letzte Tat. Da so etwas – und zwar aus physikalischen Gründen – nun einmal nicht funktioniert, sollte man an unübersichtliche Kurven eben nur so schnell herabfahren, daß man im Notfall die Maschine noch hinstellen kann, ohne unfreiwillig abzusteigen. Die gleiche böse Überraschung kann Sie an Kuppen erwarten. Auch hier wissen Sie nie, ob sich da unsichtbar aus der Gegenrichtung, voll auf Ihrer Spur, ein Überholer nähert. Daß der nicht im Zockeltrab herankommt, ist klar, denn er möchte ja möglichst vor der Kuppe seinen Überholvorgang noch beenden – und dabei wird meist das Gaspedal voll durchgetreten. Zu Begegnungsunfällen kommt es aber auch häufig bei Nebel, wenn Autofahrer, um besser sehen zu können, die Leitlinie zwischen die Räder nehmen und dann mitten auf der Straße viel zu schnell durch die Gegend geistern. Wenn Sie dann ebenfalls die Mittellinie als Orientierungshilfe benutzen und näher als sonst an sie heranrücken, kann das fatale Folgen haben. Auch hier

bleibt nur eins: runter mit der Geschwindigkeit und möglichst weit rechts fahren.
Tückisch kann es auch werden, wenn sich eine Straße aus baulichen Gründen plötzlich auf einer Seite – vielleicht sogar auf beiden Seiten – verengt. Typischer Fall: Zwei fahren mit unvermindertem Tempo aufeinander los, in der Hoffnung, noch vor dem anderen die Engstelle zu erreichen. Das klappt manchmal, aber nicht immer. Denken Sie immer daran, daß Sie auf dem Motorrad in solchen Situationen von den Vierrädrigen oft nicht ernstgenommen werden, nach dem Motto »für den schmalen Hecht ist immer noch Platz genug«. Bei Begegnungen sollten Sie also besonders im Baustellenbereich verteufelt vorsichtig sein. Und noch eins: Wenn Sie aus der Ferne auf der linken Seite der Fahrbahn ein Schlagloch oder ein anderes Hindernis erblicken, vor dem ein Entgegenkommer mit hoher Wahrscheinlichkeit ausweichen wird, dann empfiehlt es sich nicht, genau im gleichen Augenblick wie er diesen Punkt zu erreichen. Im Winter kann das bei sonst freien Straßen eine einsame Schneewehe sein oder eine Stelle, die der Schneepflug vergessen hat. Trauen Sie auch bei Nacht keinem Entgegenkommer so ganz; es gibt genügend blendempfindliche Fahrer, die urplötzlich aus der Spur kommen können – nicht durch Ihr Abblendlicht, aber vielleicht wegen eines anderen, der gerade hinter Ihnen seine Halogenscheinwerfer voll aufgeblendet hat.
Durchquetschen kann manchmal sogar richtig Spaß machen. Man muß nur gelernt haben, mit einem Blick zu sehen, ob wirklich genug Platz vorhanden ist. Oft ist das allerdings nicht ganz so einfach wie es scheint. Viele Lücken im Verkehr sind nämlich nicht »statisch«, wie der Abstand zwischen zwei Bäumen oder Mauern, sondern »dynamisch«. Das bedeutet, daß sie sich von Sekunde zu Sekunde verändern können, Bei solchen Gelegenheiten kann das Begegnen schwierig werden. Wenn Sie zum

An Kolonnen vorbeifahren ist immer eine riskante Sache. Das Bild zeigt warum: Zum einen gibt es ja ohnehin Gegenverkehr, zum anderen kann man nie wissen, ob nicht einer der Überholten plötzlich nach links zieht und das Motorrad zum Ausweichen auf die Gegenfahrbahn zwingt. Die Lücken zum Einscheren sind besonders klein oder gar nicht vorhanden, wenn die Kolonne wie hier steht oder nur ganz langsam dahinrollt.

Von links mündet, hinter dem Holzschuppen, eine Straße ein, und just gegenüber hat einer seinen Golf geparkt (oben). Da muß es bei Ihnen, wenn Sie aus der Seitenstraße herauswollen, heftig klingeln. Denn der VW entpuppt sich als Hindernis, das den Verkehr von rechts zum Ausweichen zur Fahrbahnmitte hin zwingt. Da der Opel-Fahrer nicht ahnen kann, daß gleich von links eine Achtziger herankommt, schwenkt er auch nach links hinaus und blockiert Ihnen das Durchkommen. Sie hätten hier nur ganz vorsichtig an die Einmündung heranrollen dürfen.

Beispiel an einem haltenden Lastwagen vorbeifahren wollen und es kommt Ihnen ein Auto entgegen, dann haben Sie so eine »dynamische Lücke«. Nähert sich der andere, verkleinert sich die Lücke. Wenn Sie ihm dann auf gleicher Höhe mit dem Lastwagen begegnen und die Straße ist zu eng, kann sich im Nu die vorher ausreichende Lücke zuziehen und für Sie zu knapp werden. Veränderungen dieser Art, die sich manchmal in nur wenigen Sekunden vollziehen, müssen Sie voraussehen. Dazu gehört Phantasie, aber auch Erfahrung. Fürs langsame Durchquetschen brauchen Sie auf dem Motorrad zudem noch eine fahrtechnische Voraussetzung: Sie müssen es ohne große Wackelei können. Durch welche Übungen man das erreicht, haben wir auf Seite 39 beschrieben.
Mit Speck fängt man Mäuse. Aber außerdem braucht man dazu eine Falle, die im geeigneten Augenblick zuschnappt. Sonst ist der Speck weg und die Maus mit ihm. Auch bei Begegnungsfallen gibt es Speck – für

Wenn Ihnen ein Lastzug entgegenkommt, müssen Sie stets damit rechnen, daß hinter ihm eine Schlange von Personenwagen gespannt auf die nächste Gelegenheit zum Überholen wartet. Haben Sie noch ein Auto vor sich, ist es ohne weiteres möglich, daß der erste ausschert, wenn Ihr Vordermann den Laster passiert hat. Sie selbst sind dann einfach übersehen worden – die klassische »Begegnungsfalle«. In der Situation auf unserem Foto mag das Abblendlicht des Motorradfahrers dafür sorgen, daß er noch rechtzeitig erkannt wird. Aber verlassen darf er sich nicht darauf.

Fahrer, die dumm genug sind. Hier verlockt eine bestimmte Situation: In der falschen Annahme, freie Bahn zu haben, rollt man sorglos dahin und sitzt Sekunden später in einer solchen Begegnungsfalle drin, mit der man überhaupt nicht gerechnet hat. Meist gibt es aber Anzeichen dafür, und wen die Falle erwischt, der hat sie in der Regel nicht beachtet. Dazu ein typisches Beispiel. Auf einem langen, geraden Straßenstück mit einer nachfolgenden übersichtlichen und langgezogenen Kurve kommt Ihnen ein Lastwagen entgegen. Dahinter fahren noch mehrere Autos. In einer solchen Situation muß bei Ihnen sofort die Alarmglocke läuten: Denn die Autofahrer hinter dem Lastwagen warten nur auf eine passende Gelegenheit, um ihn loszuwerden. Das schaffen sie nur, wenn sie ihn überholen, und eine langgezogene, übersichtliche Kurve ist für die meisten eine gute Gelegenheit dafür. Daß sie in ihrem Vorwärtsdrang einen so unscheinbaren Partner wie Sie leicht übersehen oder zu spät bemerken, das sollten Sie möglichst früh einkalkulieren.
Vielleicht haben Sie am Anfang des Kapitels Begegnungsmanöver noch für die ungefährlichste Sache der Welt gehalten. Doch beim Weiterlesen dürfte Ihnen allmählich klar geworden sein, daß Begegnen überall zum Risiko werden kann: nicht nur dort, wo Engstellen von weitem schon genau zu erkennen sind, wenn man nicht gerade Tomaten auf den Augen hat. Ein Motorrad ist zwar schmal und kommt fast überall noch durch. Dieser Vorzug schließt aber den Nachteil mit ein, daß es auch leichter übersehen werden kann. Trainieren Sie deshalb Ihren Blick für Konstellationen, in denen es beim Begegnen zu Schwierigkeiten kommen kann. Denn gezielte Gegenmaßnahmen sind nur dann möglich, wenn man diese typischen Situationen kennt und frühzeitig bemerkt, daß sich eine Begegnungsfalle öffnet.

Überholt werden und überholen.

Wie im Märchen der Igel beim Wettlauf den Hasen überlistet hat, wissen Sie sicher. Dem schlauen Igel war sonnenklar, daß er mit seinen kurzen Beinen keine Chance hatte, in einem fairen Wettbewerb schneller zu sein als der Hase. Man sollte also immer die eigenen Grenzen richtig einschätzen, und wenn man dabei von vorneherein gegenüber anderen benachteiligt ist, dann kann man sich nur mit Tricks helfen, um im Wettbewerb gleichzuziehen oder vielleicht sogar besser zu sein. Ist das Handikap sogar mit Gefahren verbunden, muß man zudem wissen, wie man sich vor ihnen schützt. Auf die 80 km/h bezogen, mit denen Sie auf dem Leichtmotorrad auskommen müssen, bedeutet das: Die meisten anderen auf der Straße sind schneller. Damit müssen Sie sich abfinden und das Beste daraus machen. Mit 80 Kubik führt man ohnehin eine Art Zwitterdasein. Einerseits sind Sie schneller als die Langsamen, die mit 25 oder 40 km/h zu den ganz »Ausgehungerten« gehören. Andererseits sind Sie aber mit Ihren 80 schon am Ende, wenn viele andere noch eine Menge mehr drin haben. Wenn Sie längere Zeit ein Leichtkraftrad fahren, werden Sie sicher schon leicht deprimiert festgestellt haben, daß Sie viel häufiger von anderen überholt werden, aber selbst nur selten überholen können. Aus der Tatsache, daß Sie eine nicht gerade sehr spurtstarke Maschine fahren, sollten Sie deshalb zwei Erkenntnisse ableiten.

1. Es fehlt Ihnen einfach der Dampf, der verhindern könnte, daß Sie ständig von Autofahrern oder schnellen Motorrädern überholt werden. Und deshalb müssen Sie mit speziellen Gefahren vertraut sein, die sich von hinten aufbauen können. Das setzt voraus, daß Sie die rückwärtige Dimension bei Ihren Beobachtungen nie vernachlässigen.
2. Wollen Sie selbst überholen, sollten Sie es keinesfalls auf Zweikämpfe ankommen lassen – es sei denn, ein größenwahnsinniger Mofafahrer will Ihnen beweisen, daß er schneller ist. Die meisten anderen Partner sind es aber todsicher.

Das brave Dahinrollen in der rechten Fahrspur ist nicht so risikolos wie es scheinen mag. Zu oft kommt es vor, daß Autofahrer die Spur von links nach rechts wechseln, ohne sich vorher nach hinten orientiert zu haben. Nur wenige haben einen rechten Außenspiegel, und auch bei weitem nicht alle wenden den »Radfahrerblick« über die rechte Schulter an, bevor sie nach rechts ziehen.

Auch mit Kamikaze-Kollegen müssen Sie immer rechnen – sogar daß sie etwas so Hirnrissiges tun wie auf den Bildern hier. Der Mokick-Pilot mit Sozius quetscht sich doch aus der Linksaußenposition zwischen den beiden Achtziger-Fahrern durch nach rechts, um einzubiegen. Noch ehe der wartende Fußgänger seinen Zug zuende geraucht hat, hätte es schon wieder einen saftigen Unfall geben können. Ein Glück, daß N – DD 734 aufgepaßt hat.

Viele Autofahrer reagieren leider allergisch mit Gasgeben, wenn sie bemerken, daß einer auf dem Leichtmotorrad die Frechheit besitzt, ihnen das Rücklicht zu zeigen. Bei Duellen, die sich daraus entwickeln, ziehen Sie mit Sicherheit den kürzeren. Warten Sie also, bis Sie mit mehr Kilowatt oder Pferdestärken unter dem Hintern auch völlig unbelehrbaren Autofahrern zeigen können, daß schwere Motorräder weitaus spurtstärker sind als die meisten Wagen. Beim Überholen von Lastern müssen Sie zwar nicht befürchten, daß Sie in puncto Beschleunigung unterlegen sind. Aber hier sollten Sie bedenken, daß Sie unter Umständen an einer Fahrzeuglänge von 20 Metern vorbei müssen. Wenn der Dicke mit 75 fährt und Ihr Gasdrehgriff auch schon am Anschlag ist, kann die Wegstrecke, die Sie benötigen, bis Sie wieder vor ihm sind, um einiges länger werden als Sie vorausberechnet hatten. Da können Sie in eine hübsche

Zwickmühle kommen, wenn Sie zum Beispiel einen zweiten Lastzug als Gegenverkehr haben: Die Flucht nach vorn packen Sie nicht mehr ganz, aber Sie brauchen auch eine ganze Weile, bis Sie wieder hinter dem Brummi sind, den Sie überholen wollten. Was dann passieren kann, bleibt Ihrer Phantasie überlassen. Überholen Sie deshalb nur, wenn ganz sicher ist, daß Sie es auch gefahrlos schaffen können. Auch mit Ihrem Gefährt kommen Sie schließlich überall hin – vielleicht etwas später als die Schnelleren. Ärgern Sie sich also nicht darüber, wenn Ihre brave Achtziger trotz Kitzeln am Gasdrehgriff nicht mehr zulegt. Erfahrungen, die Sie auf einer leichten Maschine machen, sind die besten Voraussetzungen, um auch mit schnelleren heil über die Runden zu kommen. Trösten Sie sich damit, daß Sie viel weniger Geld für Benzin ausgeben müssen als die anderen in ihren großen Kisten.
Zum Schluß noch einige Tips. Daß Sie für die von hinten kommenden Schnelleren oft ein Störenfried sind, den man gern loswerden möchte, läßt sich nicht ändern. Sorgen Sie aber dafür, daß Sie an Ihrer Maschine zwei möglichst vibrationsfreie Rückspiegel haben, und die sollten Sie

Das Mofa-Mädchen schnell noch überholen? An sich kein Problem, auch wenn rechts geparkte Autos stehen. Aber da ist noch etwas zu sehen, und das sollte Ihnen zu denken geben: das Winz-Fahrzeug rechts auf dem Bürgersteig. Dazu gehört in der Regel ein Fahrer – und da ist er schon (zweites Bild). Die junge Dame auf dem Mofa hat ihn rechtzeitig gerochen und hat gebremst. Hätten Sie's auch noch geschafft?

Eine wartende Kolonne lädt zum Dranvorbeiquetschen ein, zumal wenn daneben so schön viel Platz ist. Aber die Sache hat böse Haken. Gerade in der leeren Spur können Autos sehr zügig von hinten herankommen; der haltende Käfer rechts würde sie zum Ausweichen nach links veranlassen, und dann würde es für einen, der sich rechts an der Warteschlange vorbeimogelt, haarig eng. Ohne sichernden Blick nach hinten läuft hier also gar nichts.

dann auch regelmäßig benutzen. Außerdem ist Ihr Kopf drehbar: Auch von dieser Möglichkeit, sich nach hinten zu orientieren, sollten Sie Gebrauch machen, wenn Gefahr im Verzug ist. Mit dem Helm auf dem Kopf hört man zwar nicht so gut wie ohne, aber wenn man sich konzentriert, bekommt man noch eine ganze Menge an Informationen von hinten mit. Bleiben Sie beim Überholtwerden möglichst genau in Ihrer Spur, denn jeder Schlenker kann gefährlich sein, wenn der Überholer nicht genug Seitenabstand zu Ihnen hält. Leider ist das recht oft der Fall, besonders wenn andere entgegenkommen. Außerdem sollten Sie immer auf die Druckwelle gefaßt sein, mit der Sie besonders dann rechnen müssen, wenn Sie von größeren Fahrzeugen überholt werden. Da kann man auf zwei Rädern eine regelrechte Ohrfeige abkriegen. Und sollte es einmal ganz eng werden, ist es immer noch besser, kurz auf dem Seitenstreifen anzuhalten, als sich unnötig in Gefahr zu begeben. Denken Sie bei Überholvorgängen auch ständig an die Gefahr des Übersehenwerdens: Ganz gleich, ob Sie selbst überholen wollen oder ob Sie von anderen überholt werden. Der tote Winkel ist allgegenwärtig, und Sie wissen ja aus einem anderen Kapitel, daß schon ein Fensterholm ausreichen kann, um einen Motorradfahrer vollständig zu verdecken. Beginnen Sie keinen Überholvorgang, wenn die übersehbare Strecke nicht mindestens doppelt so lang ist wie der eigentliche Überholweg – die Distanz, die Sie vom Ausscheren bis zum Wiedereinscheren brauchen. Versuchen Sie rechts am eingeholten Fahrzeug vorbei möglichst weit voraus einen Überblick zu bekommen: Sie sehen dann, ob Hindernisse, Fußgänger oder Radfahrer, parkende Fahrzeuge oder eine Baustelle den Vorausfahrenden möglicherweise zum Verlegen seiner Spur nach links zwingen können. Genauso wichtig wie die Orientierung nach vorn ist die Überwachung des Verkehrsraums hinten. Benutzen Sie dazu die Rückspiegel und wenden

Sich brav zum Linksabbiegen in Fahrbahnmitte einordnen genügt nicht. Bevor Sie anfahren, müssen Sie noch einmal einen sichernden Blick nach hinten werfen. Sonst kann es passieren wie hier im Bild: Einer quetscht sich, von hinten kommend, links vorbei und erwischt Sie gerade, wenn Sie am Abbiegen sind.

Sie wenn nötig den Kopf, besonders wenn Gefahr besteht, daß sich ein nachfolgendes Fahrzeug in Ihrem toten Winkel befindet. Erst wenn sicher ist, daß der rückwärtige Verkehr nicht gefährdet werden (und Sie gefährden) kann, sollten Sie zum Zeichen des Überholens den Blinker betätigen.
Vor Beginn des Ausscherens müssen Sie unbedingt zurückschalten, wenn durch die Erhöhung des Motordrehzahl mehr Leistung mobilisiert werden kann. Dann sollten Sie versuchen, den Überholvorgang möglichst schnell zu beenden. Einscheren sollten Sie in spitzem Winkel und auch dabei das Blinkzeichen nicht vergessen. Zur Kontrolle ist der rechte Spiegel nützlich: Taucht das überholte Fahrzeug darin auf, reicht der gewonnene Abstand in der Regel aus. Erhöhen Sie nie Ihre Geschwindigkeit, wenn Sie von anderen überholt werden, und beachten Sie konsequent jedes Überholverbot. Brechen Sie jeden Überholvorgang sofort ab, wenn auch nur der geringste Zweifel besteht, daß Sie ihn nicht mehr gefahrlos beenden können.

Ein Überholversuch im Einmündungsbereich war für diesen Motorradfahrer mit einem Sturz und Verletzungen verbunden, weil er von dem linksabbiegenden Mercedes-Fahrer im toten Winkel des Außenspiegels übersehen wurde.

Planspiel auf der Kreuzung.

Wenn Sie sich irgendwo nicht auskennen und mit Hilfe eines Stadtplans nach einem Punkt suchen, den Sie erreichen möchten, verwirrt zwar

Vom Standpunkt des Zweiradfahrers aus (oben) ist das hier eine einigermaßen klare Sache: Er sieht die Autos und erkennt auch, was sie vorhaben. Aber sehen die Autofahrer auch ihn? Das untere Foto, von der anderen Seite her geschossen, läßt daran zweifeln. Der kleine Lichtpunkt des Motorrads ist sehr unscheinbar, zumal dahinter noch ein mächtiger Bus kommt und die Aufmerksamkeit auf sich lenkt.

zuerst die Fülle der Straßennamen. Aber wer mit der Gittereinteilung der Karte systematisch zu forschen beginnt, findet schnell heraus, welcher Weg vom eigenen Standort bis zum Ziel der kürzeste ist. Kein Stadtplan sagt aber etwas darüber, wie an den Kreuzungen und Einmündungen, über die man hinweg oder an denen man vorbei muß, die Vorfahrt geregelt ist. Wenn es das Pech so will, kann man an jeder Kreuzung zum Warten verpflichtet sein und braucht lange Zeit, bis man endlich die auf der Karte so kurz erscheinende Strecke zurückgelegt hat. Genauso kann es sein, daß die geradlinige Weiterfahrt durch ein Verbotsschild blockiert ist und ein großer Umweg erforderlich wird. Auch kann man aus einem Stadtplan nicht herauslesen, welche speziellen Gefahren an den einzelnen Kreuzungen lauern können. Um mit ihnen auch auf fremden Strekken fertig werden zu können, braucht man mehr als die Kenntnis der Vorfahrtregeln allein. Auf dem Motorrad genügt sie schon gar nicht, denn gerade bei Kreuzungsmanövern gehört man auf diesem schmalen Fahrzeug zu den Verkehrsteilnehmern, die sehr leicht im Gewühl untergehen können und oft auch von den Partnern nicht ernstgenommen werden. Verhalten Sie sich deshalb an Stellen, wo Ihnen andere in die Quere kommen können, äußerst kritisch. Und das nicht nur, wenn Sie warte-

Bei einer solchen Durchmogelei kann man als unbeteiligter Zuschauer nur die Augen zumachen. In den seltensten Fällen geht das gut: Es kann, wie hier im Bild, einen Vorfahrtverzicht (des Busses) und überraschenden Querverkehr geben, aber auch ein entgegenkommender Linksabbieger kann plötzlich die Lücke versperren. Wenn Sie uns fragen – wir raten dringend ab, solche scheinbaren Chancen zu nutzen.

Nachzügler auf der Kreuzung: Obwohl der Längsverkehr schon voll Grün hat, huschen noch zwei Autos quer über die Fahrbahn. Frühstarter, die möglichst schon bei Rot/Gelb losfahren, können da in arge Bedrängnis gebracht werden.

pflichtig sind: Als Vorfahrtberechtigter müssen Sie genauso aufpassen und dürfen nie ganz darauf vertrauen, daß man Ihnen dieses Vorrecht auch einräumt.

Das Verhalten an Kreuzungen oder Einmündungen hängt erst einmal davon ab, wie die Vorfahrt geregelt ist. Am einfachsten erscheint es bei grünem Ampellicht. Hier sollten Sie aber besonders in den ersten zwei Sekunden nach der Umschaltphase von Rot-Gelb auf Grün Obacht geben: Da können Ihnen Nachzügler von der Seite in die Quere kommen, die ihrerseits bei Spätgelb, vielleicht sogar bei Rot schnell noch die Kreuzung passieren wollen. Bewegt sich bei Grün dichter Verkehr mehrreihig über die Kreuzung, kommt es häufig zu plötzlichen Fahrstreifenwechseleien. Dabei sind Sie auf zwei Rädern, auch wenn Sie sich schön brav in der Mitte Ihres Fahrstreifens halten, immer in Gefahr, übersehen zu werden. Zu Unfällen kommt es bei der Lichtzeichenregelung auch immer wieder, wenn die Grünphase schon längere Zeit andauerte und Fahrer vom Wechsel auf Gelb überrascht werden. Dann sollten Sie nicht nur sehr genau Ihre Vordermänner beobachten, sondern auch das, was von hinten kommt. Rechnen Sie dann stets damit, daß vor Ihnen ein Ängstlicher schon bremst, wenn er eigentlich noch völlig gefahrlos die Kreuzung überqueren könnte. Ist Ihr Abstand dann zu gering und können Sie auch nicht mehr ausweichen, landen Sie unsanft im Kofferraum des Vorausfahrenden. Umgekehrt kann es aber auch passieren, daß Sie meinen, Sie müßten unbedingt anhalten, während Ihr Hintermann mit Ihrer Weiterfahrt rechnet und Sie dann auf die Hörner nimmt. Diese Gefahr bemerkt man aber nur, indem man vor dem Anhalten den rückwärtigen Verkehrsraum aufmerksam im Auge behält; dann kann man durch Gasgeben oder blitzschnelles Ausweichen nach rechts den Zusammenstoß verhindern. Von hinten bedroht wird man auch in Warteposition als Linksabbieger, wenn in der Kreuzung keine Fahrstreifen für Abbieger markiert sind und es dann zu Drängeleien durch Autofahrer kommt, die

Diese Ecke ist teuflisch – hätten Sie das gedacht? Der von rechts einbiegende Golf-Fahrer empfindet das vor ihm liegende Fahrbahnstück als Kurve und nicht als Einmündung in eine vorfahrtberechtigte Straße. An seinem Verhalten – Tempo, Blickrichtung – können Sie abschätzen, ob er Ihr Vorrecht respektiert. Wir würden es aber auf keinen Fall darauf ankommen lassen.

unbedingt nebeneinander geradeaus über die Kreuzung möchten. Weicht dann ein direkt hinter Ihnen fahrendes Auto nach rechts aus und ein anderer, der ihm folgt, spannt nicht so schnell, warum sein Vordermann den Schlenker macht, dann stehen Sie im wahrsten Sinn des Wortes auf einer Abschußrampe. Die Lichtzeichenregelung an Kreuzungen

Beim Fahren in der Gruppe wird dem »Leithammel« oft ohne Sinn und Verstand gefolgt. Hier quetscht er sich, schon gerade knapp genug, vor dem querkommenden Auto in die Hauptstraße hinein. Und was tun die beiden Schlauköpfe dahinter? Sie schalten ihr Hirn aus und blasen hinterher (unten). Daß sie dem Wagen dabei schon fast auf der Stoßstange sitzen, stört sie nicht weiter.

Hier wird eine Kreuzung mit »abknickender Vorfahrt« einmal aus drei Richtungen vorgeführt. Auf den beiden oberen Bildern (A und C) scheinen alle Randmerkmale der Straße – Häuser, Bäume – ungehinderte Geradeausfahrt zu signalisieren. Wer daran glaubt, ist freilich ein Unfallkandidat: denn bei A führt die Vorfahrtstraße nach rechts weiter, so daß ein Geradeausfahrer mit vorfahrtberechtigten Entgegenkommern in Konflikt geriete (das zeigt Bild B), und bei C muß man ohnehin den von links Kommenden Vorfahrt gewähren. Hier darf man also nicht »nach Gefühl« fahren, sondern muß streng auf die Verkehrszeichen achten. Foto D zeigt die Kreuzung aus der anderen Richtung der Vorfahrtstraße. Hier droht Gefahr von rechts wie von links, also von Fahrern, die natürlich nicht die Vorfahrt haben, die aber die Situation nicht richtig erkennen. Daß dazu noch falsch oder gar nicht geblinkt wird, erhöht die Verwirrung. Wir raten daher: Bei abknickender Vorfahrt doppelte Vorsicht, auch und gerade dann, wenn Sie die Vorfahrt haben. Lieber zurückstecken als einen Unfall bauen.

ist also kein Freibrief für Unaufmerksamkeit. Und wer die Augen nicht offenhält, kann sehr schnell unangenehme Erfahrungen machen.
Wo Ampeln fehlen, wird auf stark frequentierten Straßen die Vorfahrt meist durch Verkehrszeichen geregelt. Sie bevorrechtigen den einen Verkehrsstrom und sprechen für den anderen die Wartepflicht aus. Wer die Vorfahrt hat, für den gibt es hier keinen großen Unterschied zur Lichtzeichenregelung: Grundsätzlich darf er vor anderen, die aus Nebenstraßen kommen, zuerst fahren. Die Risiken, die dabei auftreten können, sind ähnlich wie bei grünem Lichtzeichen. Schwieriger wird die Sache bei der Vorfahrt, wenn ein Verkehrszeichen die Wartepflicht anordnet. Bei grünem Ampellicht kann man sich zumindest darauf verlassen, daß der Querverkehr durch Rot gesperrt wird. Und dann ist das Passieren der Kreuzung – abgesehen von den schon erwähnten Gefahren – relativ einfach. Fehlt diese Sperrung und Sie sind laut Verkehrszeichen warte-

Das macht die sogenannte abknickende Vorfahrt so gefährlich: Hier deuten alle Merkmale der Straße – Geradeausrichtung, Baumreihe am Rand – darauf hin, daß man ungehindert weiterfahren kann. Das Schild »Vorfahrt gewähren« rechts steht so unglücklich, daß es vom Hintergrund verschluckt wird. Wer hier mit Full Speed durchbrät, kann vorn von einem ahnungslosen Vorfahrtberechtigten auf die Hörner genommen werden.

pflichtig, müssen Sie ganz allein entscheiden, ob ein gefahrloses Überqueren der Kreuzung möglich ist. Das ist ein Planspiel, bei dem Sie die Regeln exakt beherrschen müssen, wenn Sie nicht irgendwann zu den Verlierern gehören wollen. Was sind dabei die wichtigsten Regeln? Zuallererst sollten Sie sich, wie bei vielen anderen Manövern, im klaren sein, daß Ihre 80-Kubik-Maschine nicht gerade eine Startrakete ist. Und weil Sie daran nichts ändern können – es sei denn, Sie tun Verbotenes –, sollten Sie immer das beschränkte Maß Ihrer Beschleunigungsreserven berücksichtigen und erst dann in eine Kreuzung hineinstarten, wenn ganz sicher ist, daß es weder für andere und schon gar nicht für Sie zu knapp wird. Denn sollte es wirklich einmal nicht mehr reichen, so haben Ihre großen Partner auf vier Rädern, mit denen Sie dabei in der Regel in den Clinch gehen, ein weitaus besseres Stehvermögen als Sie. Auch wenn Sie durch eine leichte Berührung nicht gleich stürzen, können Sie doch außer Kurs geraten, und nicht selten sind dann andere in unmittelbarer Nähe, die den Rest besorgen. Was Sie beim Planspiel auf der Kreu-

Wenn die städtischen Gärtner rechts die Birke einmal ein bißchen gestutzt hätten, dann könnte man sogar das Vorfahrtzeichen sehen. So aber sieht man es nicht, und wenn es dann vorn kracht, will es keiner gewesen sein.

Als Linksabbieger stehen Sie nachts auf einer Kreuzung, die keine Richtungsspuren hat, wie auf einer Abschußrampe. Die Gefahr ist riesengroß, daß einer Sie nicht wahrnimmt und von hinten rammt. Machen Sie es in solchen Fällen lieber so, wie es die Pfeile im unteren Bild zeigen: Warten Sie an der Einmündung der Seitenstraße – schon in der neuen Fahrtrichtung stehend –, bis Sie freie Bahn haben. Sie haben dann einen viel besseren Überblick, können, weil es ja nun geradeaus geht, zügig beschleunigen, und Ihr Scheinwerfer leuchtet gleich richtig in die Querstraße hinein, was er beim Abbiegen von Fahrbahnmitte aus erst mit Verspätung täte.

zung in erster Linie brauchen, ist gute Berechnung. Sie müssen das Tempo von Fahrzeugen, die sich Ihnen nähern, sehr genau schätzen können, ebenso wie die Größe von Lücken, wenn Sie zwischen mehreren Autos hindurchwollen. Das wäre übrigens halb so wild, wenn die Fahrzeuge immer nur aus einer Richtung kämen. Auf unseren innerörtlichen, stark befahrenen Straßen nähert sich aber meist Verkehr von beiden Seiten. Machen Sie es sich deshalb in der Wartephase zur Gewohnheit, im ständigen Wechsel beide Richtungen zu kontrollieren, und beginnen Sie erst mit dem Kreuzen einer Straße, wenn die Lücken von beiden Seiten groß genug sind. Beim Einbiegen in eine Vorfahrtstraße – ganz gleich ob nach rechts oder nach links – muß bei einer spurtschwachen Maschine zweierlei berücksichtigt werden: Die Lücke zwischen ankommenden Fahrzeugen muß nicht nur zum bloßen Abbiegen ausreichen, sondern sie muß so großzügig bemessen sein, daß Sie sich mit der Beschleunigung Ihres Motorrads dem Tempo der bevorrechtigten Fahrzeuge anpassen

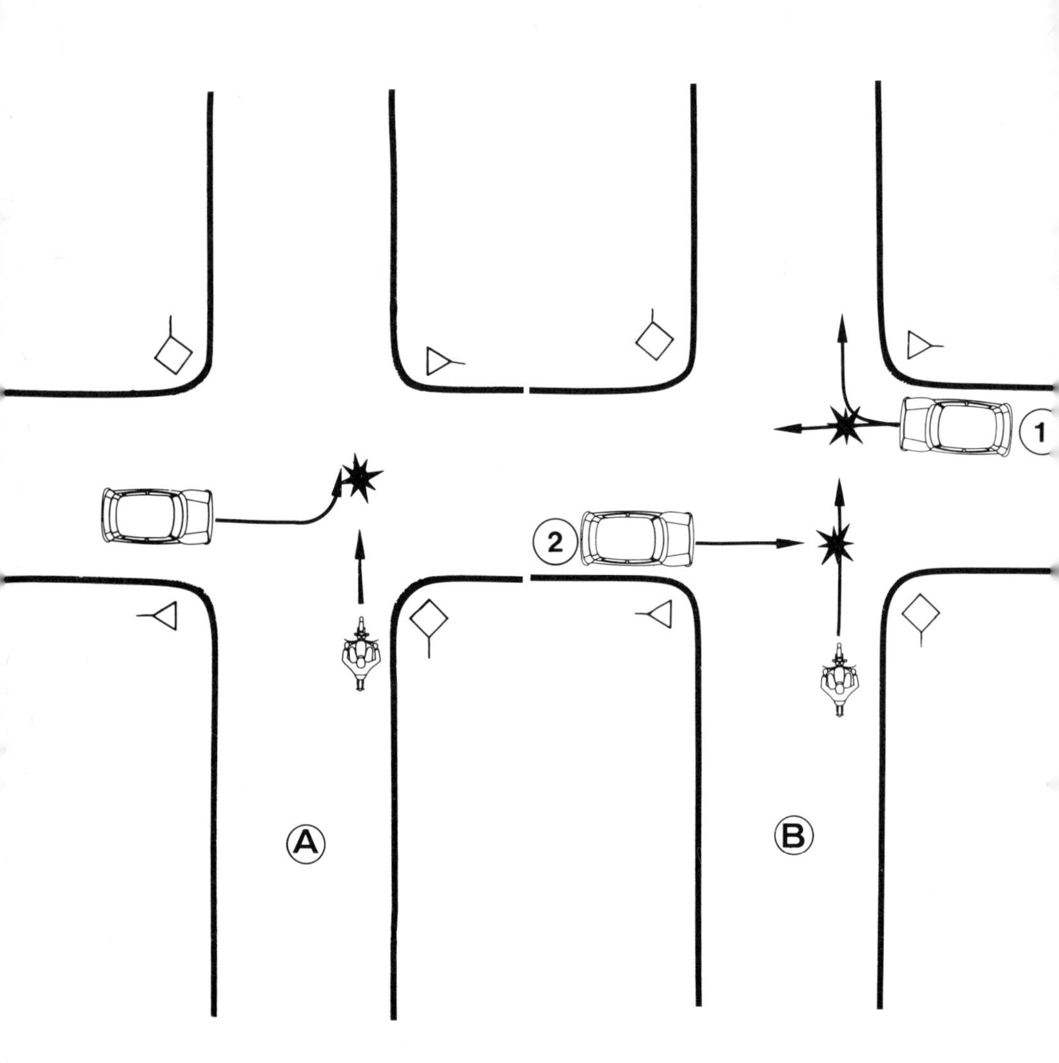

Die Unfallursachen-Forscher kennen acht »klassische« Kollisionspunkte. Diese Punkte darf man als Motorradfahrer nie gleichzeitig mit einem anderen Partner erreichen, sondern man muß durch rechtzeitiges Gasgeben oder Verzögern dafür sorgen, daß man entweder schon vorbei oder nur so schnell ist, daß genug Raum für das Bremsen bleibt. Besonders häufig sind Kollisionen in Kreuzungen. A: Linksabbieger sind häufig stark mit dem Gegenverkehr beschäftigt und »vergessen« den Motorradfahrer auf der Vorfahrtstraße; oft spielt der tote Winkel (Fensterholm) mit, ebenso kann das Motorrad durch andere Fahrzeuge verdeckt sein. B: Das gleiche wie bei Linksabbiegern trifft für Rechtsabbieger (1) und Kreuzende (2) zu. Nicht selten wird hier auch die Annäherungsgeschwindigkeit des Motorrads unterschätzt. C: Linksabbieger im Gegenverkehr übersehen sehr oft den herannahenden Motorradfahrer. Das ist einer der häufigsten Partnerunfälle, in die Zweiradfahrer verwickelt werden. D: Als »verdeckter Abbieger« ist der Motorradfahrer durch von hinten aufrückenden Verkehr gefährdet, der die Situation nicht überblickt und überholt.

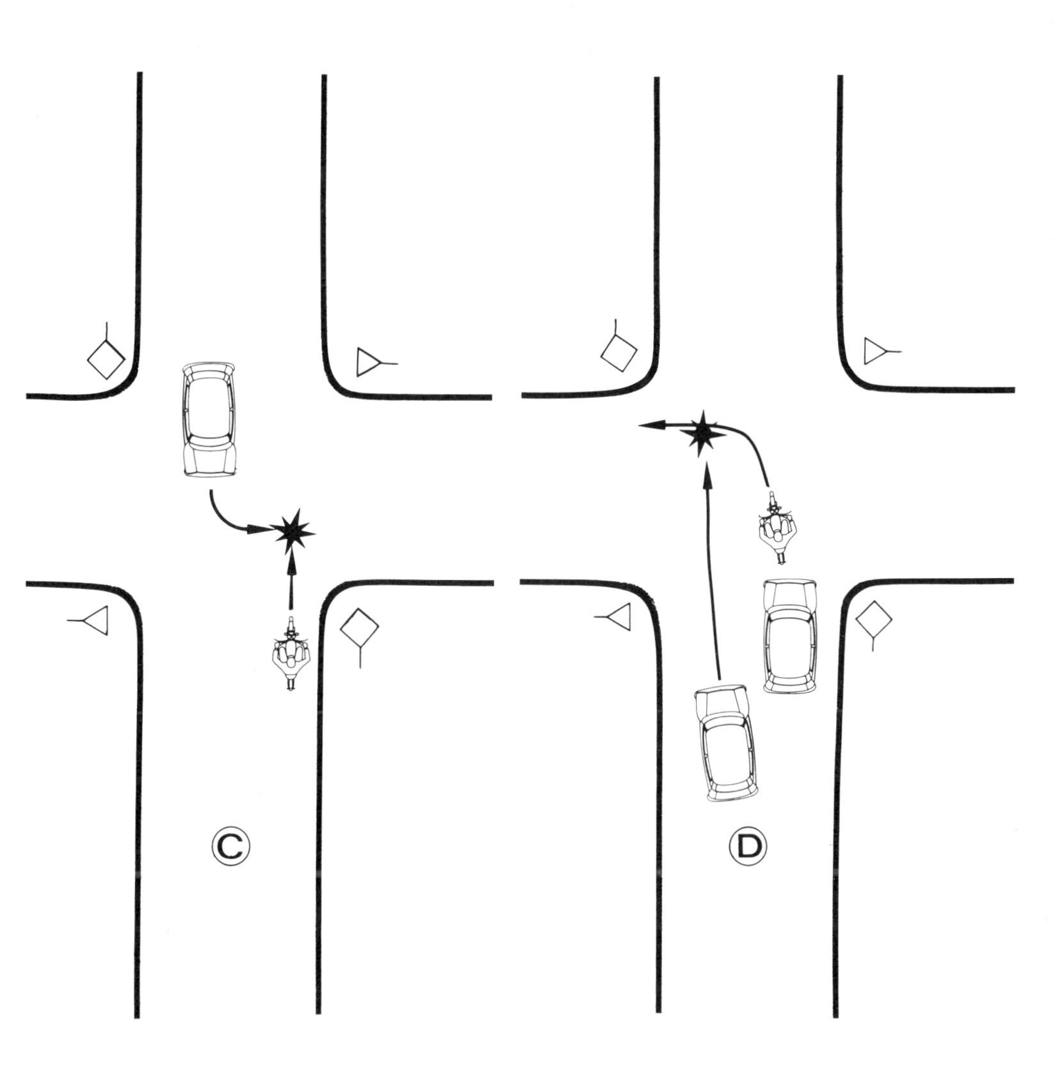

können. Verlassen Sie sich nie darauf, daß andere bremsen, wenn es knapp wird. Denn woher wissen Sie, ob Sie in einer solchen Situation nicht von einem beteiligten Auto-Menschen für einen Motorradfahrer mit superschneller Maschine und enormem Beschleunigungsvermögen gehalten werden? Oder ob nur deshalb nicht gebremst wird, weil Sie schlichtweg übersehen wurden? Im Zweifelsfall also, wie überall anders auch, lieber vorausdenken und wenn nötig ein paar Sekunden länger warten. Das ist besser, als durch eigene Dösigkeit im Krankenhaus zu landen, wo mit dem nachdenklichen Blick zur weißen Decke die kaputten Knochen auch nicht schneller heilen.

Haus an Haus, Zaun an Zaun – eine friedliche Wohnstraße ohne Probleme? Gedacht: Da rechts ist nämlich eine Einmündung, und wer von da kommt, hat außerdem noch die Vorfahrt. Wenn Sie solche Kleinigkeiten übersehen, stehen Sie bald in der Unfallstatistik.

An Kreuzungen mit der Regel »Rechts vor Links« ist zumindest ein Verkehrsstrom von der Seite wartepflichtig. Daß es dort trotzdem häufig zu Unfällen kommt, hat folgende Gründe:

1. Die Rechts-vor-Links-Regelung ist meist nur noch in verkehrsarmen Wohngebieten üblich, und die geringe Verkehrsdichte verführt viele, schneller zu fahren – auch im Kreuzungsbereich.
2. Bäume, Häuser oder andere Hindernisse schränken in Wohngebieten die Sicht auf Kreuzungen oder Einmündungen oft stark ein; deshalb werden diese Gefahrenpunkte häufig regelrecht übersehen.
3. Verkehrsbeobachtungen haben ergeben, daß an Kreuzungen, wo die Vorfahrt nach dem Grundsatz »Rechts vor Links« geregelt ist, weit mehr als die Hälfte aller Fahrer zuerst nach rechts schauen. Wird überhaupt nach links geguckt, dann erst, wenn das Fahrzeug bereits die Mitte der Kreuzung erreicht hat. Werden Einmündungen von links gekreuzt, ist es noch schlimmer. Hier verschwenden von zehn Fahrern etwa acht keinen einzigen Blick nach links und rollen mit unvermindertem Tempo »blind« durch. Warum das so ist? Es liegt sicher daran, daß viele im Straßenverkehr nur in juristischen Kategorien denken, nach dem Motto »Wer von rechts kommt, hat recht, also muß ich zuerst auf

Vor dieser idyllischen Ecke mit der idyllischen Hecke sollten Sie gewaltigen Respekt haben, wenn Sie hier nach rechts einbiegen wollen. Allerlei Überraschendes kann Sie da erwarten (zweites Bild) – zum Beispiel ein netter kleiner Betontransporter. Er macht gerade das Loch zu, das Ihnen neben dem geparkten Personenwagen noch offengeblieben wäre. Sind Sie ein guter Bremser? Hoffentlich.

ihn achten«. Das ist aber besonders auf dem Motorrad grundfalsch. Denn was nützt es Ihnen, wenn Sie zwar die Vorfahrt eines von rechts Nahenden peinlich genau beachten, dabei aber soweit zur Kreuzungsmitte vorfahren, bis Ihnen dort ein von links Kommender die Beine unter der Sitzbank wegzieht, der vielleicht geschlafen hat oder aus einem anderen Grund die Kreuzung zu spät bemerkte?

Falls Sie selbst zu den »Rechts-Links-Blicktechnikern« gehören, sollten Sie ab sofort bewußt das Gegenteil trainieren, bis sich Ihr Kopf, ganz gleich an welcher Kreuzung oder Einmündung, automatisch zunächst nach links dreht. Das ist auch ganz logisch, denn Sie sollten grundsätzlich erst in die Richtung schauen, aus der ein Fahrzeug früher gefährlich werden könnte – und das ist zweifellos die linke Seite, denn im Regelfall wird erst ab Mitte der Kreuzung ein Fahrzeug von rechts zu einer akuten Bedrohung. Außerdem sollten Sie in jeder Kreuzung einen Blick links und rechts etwas weiter nach oben verschwenden. Dann kann es Ihnen nie passieren, daß Sie falsch in eine Einbahnstraße hineinfahren, Verkehrszeichen nicht bemerken, die eine Straße sperren, oder zum Beispiel unmittelbar nach dem Rechtsabbiegen eine rote Ampel übersehen.

Die Welt ist voller Hindernisse, durch die man nicht hindurchgucken kann. Die drei Bilder zeigen, was zum Beispiel ein Baum anrichten kann, wenn er sich mit einem geparkten Auto verbündet. Der Gesamtüberblick (Bild oben) ist zwar noch ganz gut. Aber der Motorradfahrer sieht von dem Personenwagen bestenfalls die Hälfte (Mitte), und dessen Besatzung von der Achtziger noch weit weniger (unten). Wenn Sie sich hier in die Lage des Autofahrers versetzten, wüßten Sie, daß Sie auf Ihrer Maschine vorsichtig und bremsbereit sein müßten.

Fädeleien.

Auf großen Flughäfen gibt es Laufbänder, die den Passagier von einem Teil des Gebäudes zum anderen befördern. Schon wenn deren Geschwindigkeit nur so hoch ist wie das Tempo, mit dem sich ein Fußgänger normalerweise bewegt, kann es Ihnen passieren, daß Sie ganz schön ins Schwanken kommen, sobald Sie aus dem Stand heraus aufs Band treten. Laufen Sie dagegen mit forschem Tempo auf den rollenden Streifen zu und gehen Sie auch nach dem Betreten noch einige Schritte weiter, bevor Sie stehenbleiben, dann zieht es Ihnen nicht die Füße weg. Wer auf einen fahrenden Zug aufspringen will, tut das auch nicht aus dem Stand, sondern wird versuchen, sich der Geschwindigkeit der Waggons durch Nebenherrennen anzupassen; denn nur so besteht Aussicht, daß sein Aufspringen gelingt und nicht mit einem Sturz vor die Räder des

Ein Motorrad ist auch ein vollwertiges Fahrzeug und hat Anspruch auf ausreichend Platz im Straßenverkehr. Daher sollten Sie immer den ganzen Fahrstreifen für sich belegen, indem Sie – wie im oberen Bild – in seiner Mitte fahren oder halten. Die beiden Freunde im unteren Foto machen es falsch, obwohl sie es gewiß gut meinen. Aber wer sich so weit rechts aufbaut, lädt Autofahrer geradezu ein, sich links danebenzusetzen und bei Grün ein gefährliches Abquetschmanöver zu starten.

Die Kameraden auf ihren großen Maschinen zeigen Ihnen hier einiges, das man nicht tun sollte. So halb neben- und halb hintereinander fährt man nicht auf der Autobahn. Und wie der Typ in der Mitte – Bauch und Rücken nackt, kurze Hosen – sitzt man schon gar nicht auf dem Motorrad, auch wenn es noch so heiß ist. Wespen und hochgeschleuderte Steinchen können nämlich ganz schön wehtun – und wenn der Lufthungrige mal »absteigen« muß, trägt er gleich seine ganze Haut zum Markte.

Zugs endet. Warum diese Beispiele? Ähnliche Voraussetzungen finden Sie vor, wenn Sie in eine Lücke zwischen Fahrzeugen hineinwollen, die mit einer bestimmten Geschwindigkeit herankommen. Auch hier müssen Sie dafür sorgen, daß Sie Ihre eigene Geschwindigkeit der des Fahrzeugstroms angleichen. Je besser diese Anpassung möglich ist, um so kleiner kann die Lücke sein. Und je geringer Ihre Geschwindigkeit im Verhältnis zu den anderen ist, um so mehr Platz brauchen Sie zum Einfädeln. Den Begriff »Einfädeln« hat der Volksmund geprägt, und er hängt natürlich mit der Nähnadel zusammen. Genau wie zum Umgang mit Nadel und Faden gehört zum Einfädeln im Straßenverkehr Geschicklichkeit. Allerdings steht die Nadel, in die man den Faden einziehen will, still, während sich eine Fädellücke im Straßenverkehr bewegt. Sie kommt sozusagen auf den Fahrer zu. Der muß nun schnell und genau schätzen, ob der Platz zum Einfädeln langt, und seine Geschwindigkeit an die des Verkehrsstroms anpassen. Für Fädelmanöver kann man keine starren Vorschriften machen, denn eine Lücke, die im ersten Augenblick noch ausreichend erscheint, kann Sekunden später schon viel zu klein sein. Eine andere, die für einen langsamen Lastwagen zu kurz ist, kann ein schnelles Motorrad gefahrlos aufnehmen. Das verlangt vom Fahrer ein gutes Augenmaß, aber außerdem Entschlußfähigkeit und Reaktionsschnelligkeit. Weil das aber nicht jedermanns Sache ist, müssen Sie höllisch aufpassen, wenn Sie am Verhalten anderer Partner erkennen, daß sie in eine Lücke vor Ihnen einfädeln wollen. Bremsen Sie dann schon rechtzeitig, wenn Sie merken, daß dies Manöver mit zu geringer Geschwindigkeit abläuft. Und wenn Sie selbst einfädeln wollen, sollten Sie immer damit rechnen, daß eine Fädelei selbst dann mißlingen kann, wenn Ihre Geschwindigkeit stimmt – weil es nämlich Partner gibt, die manchmal ihr Tempo erhöhen,

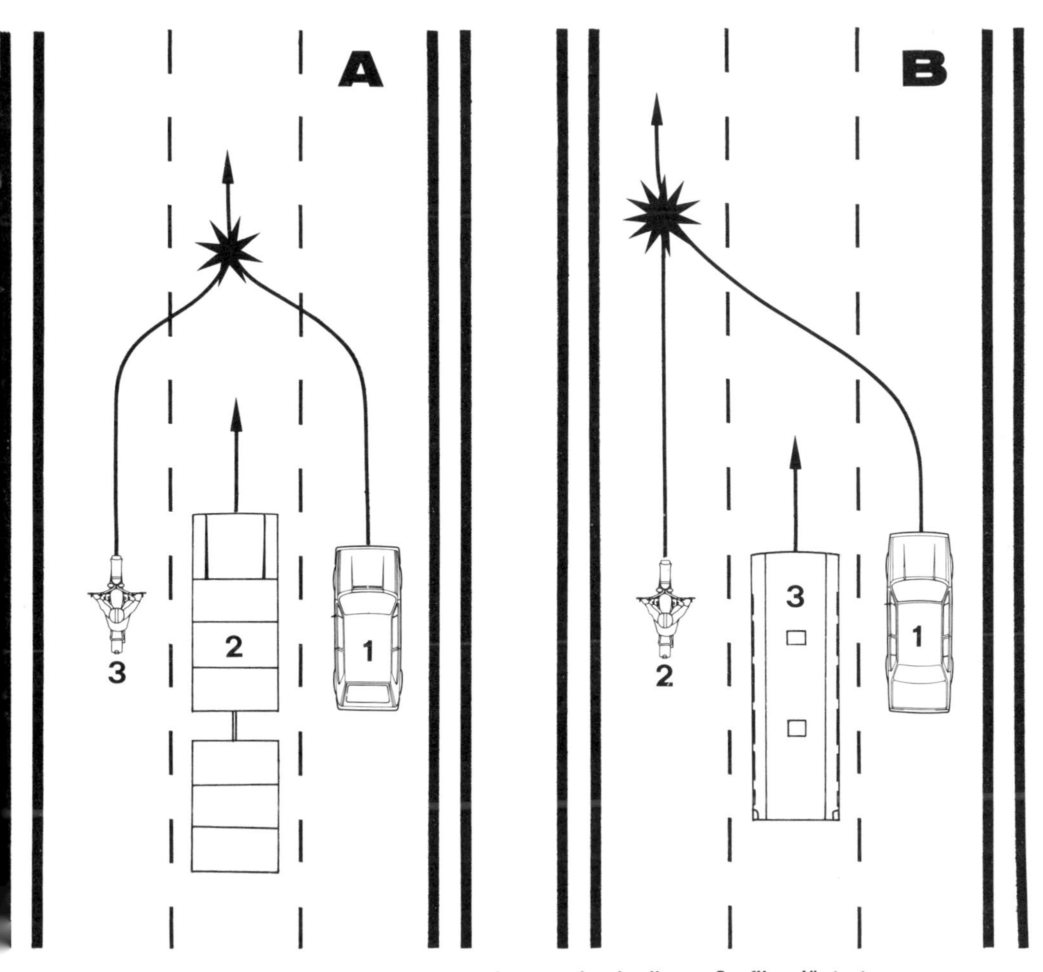

Die Tücken von dreispurigen Schnellstraßen werden in dieser Grafik erläutert. Im Beispiel A tun Motorradfahrer und Autolenker 1 das gleiche: Sie streben – der eine von links, der andere von rechts – auf den mittleren Fahrstreifen zu. Da sie wegen des dazwischen fahrenden Lastzugs 2 nichts voneinander wissen, kommt es vor dessen Bug – der Stern deutet es an – zum Zusammenstoß. Die Gefahren des Wechselns über mehrere Spuren hinweg zeigt Beipiel B. 1 möchte aus irgendeinem Grund vom rechten direkt in den äußeren linken Fahrstreifen. Dort kollidiert er mit 2, den er wegen des Omnibusses 3 nicht wahrnehmen konnte.

um mit voller Absicht zu verhindern, daß Sie sich vor sie setzen können. Wenn Sie mit dem Beschleunigen schon auf dem letzten Loch pfeifen und auf Biegen oder Brechen doch noch versuchen hineinzukommen, kann das mit einem lebensgefährlichen Risiko verbunden sein. Noch prä-

Der herankommende Motorradfahrer gerät in Bedrängnis, denn er hat nicht damit gerechnet, daß der Mann in dem einbiegenden Auto ihn nicht gesehen hat. Bei »Diagonalsicht« wie hier ist das aber leicht möglich, und man muß darauf gefaßt sein. In der Situation auf unseren Fotos kommt noch dazu, daß der Einbieger offenbar noch schnell vor dem von links sich näherenden Wagen aus der Einmündung hinaus will. Er ist dadurch abgelenkt und achtet erst recht nicht auf den Motorradfahrer.

ziseres Berechnen erfordert Einfädeln aus dem Stand, beispielsweise wenn Sie sich vom Fahrbahnrand in den fließenden Verkehr einordnen wollen. Hierbei müssen – wie schon einmal gesagt – die Lücken so groß sein, daß Sie, ehe das nächste Fahrzeug Sie erreicht, mindestens dessen Geschwindigkeit haben. Ein heikles Kapitel ist auch mit 80 km/h das Einfädeln von einer Beschleunigungsspur auf die Autobahn. Die meisten Fahrzeuge, die auf der Schnellstraße unterwegs sind, haben ein höheres Tempo drauf als Sie es, selbst auf einem langen Beschleunigungsstreifen, erreichen können. Auch Lastwagen kommen hier oft mit hundert oder noch mehr Sachen an, und da ist bei Ihnen schon einige km/h früher der Gasdrehgriff am Anschlag. Kalkulieren Sie das immer ein. Sollten Sie sich doch einmal verrechnet haben, bremsen Sie lieber rechtzeitig und halten Sie an oder fahren Sie noch ein Stück auf der Standspur weiter, ehe Sie einem tonnenschweren Lastzug unter die Räder geraten.
Zum Schluß noch etwas über die Anwendung des Reißverschlußprinzips. Es ist vorgeschrieben, wenn bei Fahrbahnverengungen nicht mehrreihig weitergefahren werden kann, und es ist eine sehr gute Sache, die der Flüssigkeit des Verkehrs dient. Aber speziell für Motorradfahrer ist es mit

Vorsicht zu genießen. Wenn das »Reißverschlußprinzip« gilt, können Sie aus drei Gründen in Gefahr kommen:

1. Die anderen meinen, Motorradfahrer könnten sich immer noch dazwischenmogeln, und lassen deshalb keine Fädellücke frei, sperren Sie also praktisch aus.
2. Ihre Annäherungsgeschwindigkeit wird unterschätzt.
3. Wie in vielen anderen Situationen auch – man übersieht sie einfach.

Versuchen Sie deshalb nie, in einem Anfall von Rechthaberei Ihre Weiterfahrt zu erzwingen. Wenn ein Reißverschluß an Ihrer Jacke hakt, ziehen Sie auch nicht brutal daran herum, sondern versuchen es mit Feingefühl. Ebenso sollten Sie sich auf der Straße verhalten: Hier gibt man als der Klügere nach.

Der Winter hat seine eigenen Kreuzungs- und Vorfahrttücken, und besonders das Einfädeln wird manchmal zu einem Lotteriespiel, weil auf schneebedeckten Straßen nicht so beschleunigt werden kann wie auf trockener Fahrbahn. Oft ist die Hauptstraße schneefrei, während die einmündenden Fahrbahnen noch mit Matsch oder Eis bedeckt sind. Geht es dann noch – wie im Bild – bergab, unterschätzen gerade Zweiradfahrer leicht ihre Geschwindigkeit und den Bremsweg. Das Motorrad rodelt von rechts geradewegs in den vorfahrtberechtigten Verkehr hinein, und sein Fahrer hat sehr viel Glück, wenn der helle Personenwagen noch vor ihm anhalten kann. Die ganze Situation war eine Sache von nur zwei Sekunden.

Abstand ist die beste Bremse

Zu Ihrem eigenen Nutzen sollten Sie bei passender Gelegenheit ein kleines Experiment machen. Gehen Sie auf einem belebten Bürgersteig in der Großstadt mit etwa einem Meter Abstand hinter einem Fußgänger, mit dem Sie Ihr Vorhaben nicht abgesprochen haben und der in flottem Tempo vor Ihnen hermarschiert. Sie werden schnell dabei feststellen, wie anstrengend das sein kann. Sie müssen nämlich mit voller Konzentration jede Bewegung Ihres Vordermanns beobachten, damit Sie ihm nicht schon bei einem geringfügigen Langsamerwerden auf die Hacken treten. Bleibt der andere aus irgendeinem Grund plötzlich stehen, hängen Sie ihm todsicher im Kreuz, weil bei einer so geringen Entfernung die Zeit zum Reagieren einfach zu kurz ist. Dabei beträgt die Geschwindigkeit eines Menschen, der zügig ausschreitet, nur etwa 6 km/h, das sind in der Sekunde etwa 1,5 bis 2 Meter. Fahren Sie dagegen mit Ihrem Motorrad genau 72 km/h, legen Sie in einer Sekunde 20 Meter zurück, also zehnmal soviel wie ein Fußgänger (72 : 3,6 = 20 Meter/Sekunde). Nun werden Sie zwar sagen, daß ein Fußgänger im Gegensatz zum Kraftfahrzeug keine Bremsen hat, um schnell anhalten zu können. Sie sollten sich aber auch gleich die Frage stellen, wann es ein Fußgänger eigentlich bei diesem enormen Tempo von ganzen 6 km/h jemals nötig haben sollte, durch zusätzliches Bremsen einen Zusammenstoß zu verhindern. Das ist höchstens dann einmal der Fall, wenn er mit offenen Augen träumend durch die Gegend rannte – ganz zu schweigen davon, daß bei solchen Rempeleien zwischen Fußgänger kaum etwas passieren kann. Auch wenn Sie kein großer Rechenkünstler sind, wird Ihnen einleuchten, daß der Weg, den man zum Anhalten benötigt, von der gefahrenen Geschwindigkeit abhängt. Daraus ergibt sich wiederum die logische Schlußfolgerung, daß Tempo und Abstand miteinander harmonieren müssen. Oder anders gesagt: Je höher die Geschwindigkeit ist, um so größer muß auch der Abstand sein. Was viele beim Abstandhalten auch nicht einkalkulieren

Bischoff fährt – bis er einmal anhält. Hoffentlich hält dann auch der Typ auf dem Motorrad rechtzeitig an, der so wagemutig im Spuckabstand hinterherfährt. Andernfalls tritt die »Stirnbremse« in Tätigkeit. Hirnbremse wäre besser gewesen.

(weil sie es meist nicht wissen), ist die Tatsache, daß mit Verdoppelung der Geschwindigkeit der Bremsweg sich nicht etwa nur verdoppelt, sondern viermal so lang wird. Dazu ein Beispiel. Ein Motorrad mit guten Bremsen hat bei einer Geschwindigkeit von 50 km/h einen Bremsweg von etwa 12 Meter, bei 100 km/h aber ist der Weg viermal so lang, also etwa 48

Abbiegende Langholzwagen sind die reinsten Straßenfeger. Ihre Ladung schwenkt weit aus (zweites Bild), und wenn Sie auf den Gedanken gekommen sein sollten, jetzt rasch rechts vorbeizufahren, dann gnade Ihnen Gott.

Meter. Diese Werte werden aber nur erreicht bei trockener, griffiger, ebener Straße. Auf der Maschine muß zudem noch ein guter Fahrer sitzen, der es versteht, optimal mit den Bremsen umzugehen. Hinzu kommt noch, daß Sie beim Erkennen einer Gefahr ja nicht sofort reagieren, sondern immer erst mit einer gewissen Verzögerung. Ein reaktionsschneller Fahrer braucht etwa eine halbe Sekunde. Bei 72 km/h bedeutet das 10 Meter Fahrstrecke, ehe mit dem Bremsen begonnen wird. Und um diesen Betrag verlängert sich der Weg, den das Fahrzeug bis zum Stillstand zurücklegt. Rechnen Sie dann noch die Ansprechzeit der Bremse hinzu, die ebenfalls etwa eine halbe Sekunde beträgt, so wird daraus eine komplette Sekunde, in der noch nicht verzögert, sondern ungebremst weitergefahren wird. Das sind bei 72 km/h stramme 20 Meter. Sitzen Sie nun einem anderen mit zu geringem Abstand auf der Pelle und der tritt unvermutet voll auf die Bremse, kann es passieren, daß Sie ihm schon voll hinten draufknallen, ehe Sie selbst zum Bremsen kommen. Viele verharmlosen ihr dichtes Auffahren auch mit dem Argument, daß der Vordermann ja auch Zeit zum Bremsen braucht und nicht auf einen Ruck stehen bleibt. Das ist aber eine gefährliche Milchmädchenrechnung. Es stimmt zwar, daß der andere auch erst verzögern muß. Aber er bremst eine Sekunde früher als Sie, und bei zu geringem Abstand kommt dann

So mißt man den richtigen Abstand nach der Zwei-Sekunden-Regel: Wenn der Personenwagen vor Ihnen das Ortsschild (Pfeil) passiert, beginnen Sie zu zählen – einundzwanzig, zweiundzwanzig. Sind Sie vor dem letzten -zig auf Höhe des gelben Schilds, ist Ihr Abstand zu gering.

Vor einer so unübersichtlichen Kurve bummelt man nicht nebeneinander her und versucht schon gar nicht, sich dabei zu unterhalten. Im rechten Bild zeigen die zwei, wie man es richtig macht: Man fährt mit ausreichend Abstand hintereinander, und zwar schön weit rechts.

Ihre Reaktion einfach zu spät. Den Rest besorgt in der Regel die Blechbremse. Im übrigen gibt es heute schon Autos mit einem sogenannten »Anti-Blockier-System«: Es ermöglicht auch bei rutschiger Fahrbahn kürzere Bremswege als sie mit reinem Hand- oder Fußbetrieb zu erreichen sind. Woher wissen Sie, daß nicht vor Ihnen einer mit ABS fährt?
Bei trockener, griffiger Straße sollten Sie Ihren Bremsweg deshalb grundsätzlich nach der sogenannten Zwei-Sekunden-Regel bemessen. Auf dem nebenstehenden Bild ist erläutert, wie man das macht. Voraussetzung ist selbstverständlich, daß keine schwierigen Sicht- oder Fahrbahnverhältnisse herrschen. Bei nasser Straße, bei Schnee oder wenn man selbst nicht ganz fit ist, sollte man mindestens zwei Sekunden zulegen, das heißt den Abstand verdoppeln. Randmarkierungen für die Anwendung der Zwei-Sekunden-Regel kann man überall finden: Wegweiser, Bäume oder Begrenzungspfosten. Die Methode ist bei jeder Geschwindigkeit gültig. Fährt man schneller oder langsamer, wird auch die Markierung früher oder später erreicht. In dichtem Stadtverkehr kann man freilich den Zwei-Sekunden-Abstand meist nicht einhalten. Dort sollten Sie den Vorteil nutzen, daß man durch vorausfahrende Personenwagen hindurchsehen und erkennen kann, wann weiter vorn gebremst wird. Für Liefer- und Lastwagen gilt das aber schon nicht mehr, und einem solchen undurchsichtigen Dicken sollten Sie deshalb nicht am Hinterrad kleben.

So ein Krautkopf-Expreß ist bei weitem nicht so lustig und harmlos wie er aussieht. Nur zu leicht kann eine Kohlkugel herunter- und Ihnen direkt vors Vorderrad rollen. Ob Sie dann im Schreck nicht etwas ganz Falsches machen, ist gar nicht sicher. Halten Sie also ein scharfes Auge auf solche zweifelhaften Transporte und sehen Sie, daß Sie so schnell wie möglich daran vorbeikommen.
Auch von offenen Behältern mit Bauschutt, die oft ziemlich schlampig beladen werden, fällt gern einmal etwas herunter. Das sind dann auch härtere Sachen als Weißkrautköpfe, rechtzeitiges Ausweichen ist also dringend anzuraten.

In jedem Fall müssen Sie gerade innerorts auf unerwartetes Anhalten oder plötzliches Querkommen gefaßt sein. Aber da hier die Geschwindigkeiten geringer sind, läßt sogar die Rechtsprechung einen kürzeren Abstand zu: Danach kann im dichtesten Stadtverkehr derjenige, der schnell genug reagiert, einen Dreiviertel-Sekunden-Abstand einhalten, wenn er mit voller Anspannung fährt. Werden Sie von hinten durch »Nahkämpfer« bedrängt, sollten Sie entweder durch Gasgeben die Flucht ergreifen oder, falls das nicht geht, den anderen schnell vorbei lassen – dann können Sie selbst den Abstand zu ihm bestimmen. So sollten Sie auch grundsätzlich nach hinten taktieren, wenn sich durch einen Spurwechsel die Abstände verkürzen. Die Kontrolle des Raums hinter Ihnen ist dann unerläßlich, weil Sie ja nie ganz genau wissen, ob die anderen Fahrer die neue Lage bemerkt haben. Lassen Sie sich Ihre Abstandsreserven weder vorn noch hinten anknabbern. Wenn Ihnen einer zu nahe kommt, gehen Sie immer wieder auf Distanz. Denn ausreichender Abstand ist die beste Bremse.

Noch schmaler werden.

Bevor man den Versuch unternimmt, durch ein schmales Fenster zu klettern, sollte man schon vorher wissen, ob man das von Kopf bis Fuß ohne Schwierigkeiten schafft. Einer, der seine Anatomie falsch eingeschätzt hat, kann sonst mit der Bauchpartie im Rahmen steckenbleiben. Wer in dieser unangenehmen Stellung einige Zeit warten mußte, bis ihn hilfreiche Hände an den Beinen wieder zurückzogen, dem geht künftig Probieren gewiß nicht mehr immer über Studieren. Wird es im Straßenverkehr einmal besonders eng, dann sollten Sie sich an dieses Beispiel erinnern, damit Sie nicht auf schmale Lücken hereinfallen. Auf dem Motorrad wird

Dieser berüchtigten Mofafahrer-Unsitte sollten Sie nicht nacheifern: Drängeln Sie sich niemals rechts an wartenden Autos vorbei – beim Anfahren könnten Sie, wie hier, in böse Verdrückung geraten. Bleiben Sie lieber in der Mitte des Fahrstreifens; das steht Ihnen mit Ihrem vollwertigen Fahrzeug zu und bewahrt Sie vor unnötigen Risiken.

Haltende Autos, in denen jemand drinsitzt, sind immer gefährlich – besonders, wenn sie gerade erst gestoppt haben. Einer der Insassen reißt dann nämlich die Tür auf, natürlich ohne vorher nach hinten zu schauen, und versperrt Ihnen den Weg. Wenn dann der Platz für einen Ausweichschlenker noch reicht, können Sie froh sein. Besser ist es, wenn Sie sich rechtzeitig gewarnt fühlen und bremsen.

man von den Dicken im Straßenverkehr oft beneidet, weil man mit diesem schmalen Gefährt fast überall noch durchkommt. Durchquetschen kann sogar richtig Spaß machen – auf die Dauer aber nur, wenn man mit einem Blick abzuschätzen weiß, ob wirklich genug Platz vorhanden ist. Ganz so einfach, wie es häufig scheint, ist das aber nicht. Gerade im dichten Verkehr, wo ständig alles fließt, sind viele Lücken nicht »statisch« wie der Abstand zwischen zwei Brückenpfeilern, sondern »dynamisch«. Das heißt, ihre Breite kann sich von Sekunde zu Sekunde ändern. Wollen Sie zum Beispiel in einer engen Straße links an einem einzeln geparkten Personenwagen vorbei und es kommt gleichzeitig ein anderes Auto entgegen, dann entwickelt sich eine solche Lücke. Erreichen Sie gleichzeitig mit dem Entgegenkommer den geparkten Wagen, kann diese Lücke, die vorher riesengroß erschien, auch für Sie zu klein werden. Beim Anpeilen und Ausnützen von Lücken müssen Sie also den Computer in Ihrem Kopf arbeiten lassen: Wie sieht die jetzt noch ganz harmlose Situation in ein oder zwei Sekunden aus, wenn Sie 10 oder 20 Meter weiter sind? Dieses Voraussehen erfordert Phantasie, aber auch Erfahrung. Fit wird man in dieser Hinsicht nur durch ständiges Üben: Theoretisch kann man sich da kaum schlauer machen, weil in der Praxis auf der Straße fast jede Situation anders ist. Wer immer den richtigen Durchblick behalten will, muß jede Veränderung äußerst aufmerksam beobachten.
Die Lust am Durchquetschen sollte – speziell wenn nicht ganz sicher ist, daß es reicht – auch aus einem anderen Grund unterdrückt werden. Wir denken dabei an die technische Beherrschung des Fahrzeugs. Denn wenn es eng wird, muß man runter mit dem Tempo, und das bedeutet Langsamfahren ohne große Wackelei. Das ist aber auf zwei Rädern nicht jedermanns Sache, und schon mancher Motorradfahrer ging unfreiwillig zu Boden, weil die Balanceschwierigkeiten zu groß wurden oder sein Hin-

Wenn da ein Auto so keß das Heck aus der Reihe der geparkten Wagen herausstreckt, wird es brandgefährlich für Sie. Der Fahrer will raus, kann Sie aber wegen des Baums und der anderen Parkenden nicht sehen. So wie hier der Mensch auf dem dicken Motorrad sollten Sie es dann nicht machen. Lieber anhalten und erst den Autofahrer herauslassen; der wird sich für Ihre Höflichkeit sogar noch schön bedanken.

und Hergependle erst am Blech eines anderen zur Ruhe kam. Präzises Langsamfahren kann man lernen, und wie man es übt, ist auf Seite 39 beschrieben. Beim Vorbeifahren an geparkten Fahrzeugen sollten Sie mit dem Abstand auch nicht knauserig sein und ständig einkalkulieren, daß plötzlich eine Tür sperrangelweit aufgehen kann. In einer engen Straße müssen Sie dann schon viel Glück haben, wenn der Platz zum Ausweichen nach links noch ausreicht. Daß Autofahrer manchmal solche Fallen stellen, hat eine Menge mit dem leidigen toten Winkel zu tun, über den in anderen Kapiteln schon ausführlich geschrieben wurde. Machen Sie es sich deshalb zur Gewohnheit, nur mit genug Seitenabstand an haltenden oder geparkten Fahrzeugen vorbeizufahren: Das sind mindestens 1,50 Meter. So breit können nämlich Autotüren werden, wenn sie sich öffnen. Steht Ihnen weniger Platz beim Vorbeifahren zur Verfügung, bleibt nur eins: langsamer tun, um gegebenenfalls noch stoppen zu können, und vor allen Dingen noch aufmerksamer als sonst beobachten.

Mogeleien

Kolonnenfahren kostet Nerven und Zeit. Das macht Menschen, die sich im Zwang der Kolonne befinden, ungeduldig und aggressiv. Wenn sich Autoschlangen bilden, wird natürlich auf zwei schmalen Rädern die Versuchung groß, sich links, rechts oder in der Mitte vorbei nach vorn zu mogeln. Wir wollen hier nicht drohend den Zeigefinger erheben und darauf hinweisen, daß das unter bestimmten Voraussetzungen verboten ist. Das Motorrad bietet nun einmal wie kein anderes Fahrzeug die Möglichkeit, auch dort noch durchzukommen, wo die Mehrspurigen einfach passen müssen. Andererseits wird bei gesetzlichen Vorschriften nun mal mit gleichem Maß gemessen, ganz egal wie dick oder dünn man ist. Bei den Kolonnen-Mogeleien ist aber die Polizei recht tolerant und schlägt nicht immer sofort mit voller Wucht zu. Allerdings ist diese Großzügigkeit weitgehend davon abhängig, wie sich der Motorradfahrer verhält. Wer wie ein Wilder mit selbstmörderisch geringem Seitenabstand zwischen Kolonnen hindurchfetzt, darf sich nicht wundern, wenn die Polizei das nicht kommentarlos hinnimmt. Überholen Sie deshalb im Kolonnenverkehr nur bei ausreichenden Seitenabständen und mit geringem Geschwindigkeitsunterschied. Höher als 20 km/h sollte diese Differenz nie sein. Wenn Sie sich an einer roten Ampel nach vorn mogeln wollen, sollten Sie das nur tun, wenn die Kolonnen zum Stillstand gekommen sind. Und Sie

Bei einem Stau auf der Autobahn reizt es den Achtziger-Fahrer natürlich besonders, dem Fahrer der großen Maschine auf dem Foto nachzueifern und sich nach vorn durchzumogeln. Auf diese Weise kann man einiges aufholen und den Autofahrern zeigen, daß man mit dem Leichtkraftrad auch einmal der Größte sein kann. Wir raten Ihnen aber, das nur mit großer Vorsicht zu tun. Türen können sich plötzlich öffnen, beim Anrucken der Kolonne kann es Fahrbahnwechsel geben, und speziell neben großen Lastwagen geht es ohnehin sehr eng zu. Also bitte schleichen wie ein Indianer auf dem Kriegspfad. Und noch eins: Die gelben Markierungsnägel in Baustellen können ekelhaft glatt sein.

müssen dabei sicher sein, daß Sie vorn an der Haltlinie angekommen sind, bevor die Lichtzeichenanlage wieder auf Grün springt. Sonst hängen Sie einigermaßen hilflos zwischen den losrollenden Autos rechts und links von Ihnen, deren Fahrer voraus auf die Ampel starren und keinen Blick zu Seite – auf Sie nämlich – werfen. Mogeln Sie sich an stehenden Kolonnen vorbei, sollten Sie ebenfalls wieder an Wagentüren denken, die sich plötzlich öffnen können: Vielleicht will gerade einer seinen Aschenbecher ausleeren oder ein Beifahrer benutzt die Zwangspause bei Rot, um auszusteigen. Berücksichtigen Sie ebenso, daß bei Kolonnenfahrten andere Partner häufig müde sind und dann langsam oder sogar falsch reagieren. Gesundes Mißtrauen und Geduld sind auch hier die besten Wegbegleiter.

Was der Motorradfahrer in der Bildsituation macht, ist nicht nur streng verboten, sondern auch gefährlich. Denn kein Autofahrer kommt von allein auf die Idee, daß sich ein Motorradfahrer noch links an einer Verkehrsinsel vorbeischlängelt, um dann vorn wieder rechts hereinzukommen. Abgesehen davon kann die Weiterfahrt auf dem Busstreifen hier plötzlich durch einen abbiegenden Omnibus gestoppt werden, der von links im weiten Bogen um die Ecke kommt.

Reserven in der Hinterhand.

Wer mit 1000 Mark in der Tasche eine vierzehntägige Flugreise ins Ausland antritt und nur noch 50 Mark in Reserve behält, weil das Ticket schon 950 Mark gekostet hat – dieser Zeitgenosse muß schon ein großer Optimist oder ein Hungerkünstler sein, wenn er hofft, länger als drei Tage damit auszukommen. Einer hingegen, der einigermaßen rechnen kann und von Sicherheiten etwas hält, wird über den unbedingt notwendigen Betrag hinaus für Unvorhergesehenes noch etwas mehr Geld mitnehmen oder – aus Mangel an Moneten – von vornherein auf die Reise verzichten. Im Straßenverkehr vergessen viele, für den Notfall vorzusorgen oder vorhandene Reserven zu schonen. Das beginnt damit, daß man in puncto Selbstkritik äußerst sparsam ist. Keinesfalls darf das aber soweit gehen, daß man immer nur anderen die Schuld gibt, obwohl man genau weiß, daß man selbst etwas zuviel gewagt oder das Risiko durch andere unterschätzt hat. Von solchen Erlebnissen im Straßenverkehr kann man nur profitieren, wenn man selbstkritisch den eigenen Fehler erkennt und versucht, es beim nächsten Mal besser zu machen. Und genauso, wie ein vernünftiger Mensch seine Leistungsfähigkeit nicht über das Höchstmaß strapaziert, sollte er es auch mit seiner Maschine halten. Wenn Sie und Ihr Motorrad sich ständig an der Grenze bewegen, sind Sie, wenn Sie plötzlich in Schwierigkeiten kommen, entweder auf fremde Hilfe angewiesen oder Sie landen je nach Situation im Graben oder auf dem Kotflügel eines anderen. Nach Möglichkeit bleibt man also stets etwas unterhalb des Leistungs-Maximums. Da Unvorhergesehenes immer eintreten kann, muß man stets abrufbereit Reserven in der Hinterhand haben. Wer mit dem Gasgriff am Anschlag versucht zu überholen, obwohl schon einer entgegenkommt, darf sich nicht wundern, wenn es äußerst knapp wird oder überhaupt nicht reicht. Und aus hoher Geschwindigkeit heraus kann ein hartes Bremsmanöver auf regennassem Asphalt bei einer plötzlich auftauchenden Gefahr auch nicht gut gehen. Eine völlig unverständ-

Oben links: Es gibt Verrückte und total Verrückte. Wo man diesen hier einordnen soll, überlassen wir gern Ihnen. Er wird's jedenfalls noch weit bringen, vielleicht sogar ins Krankenhaus. – Rechts: Ohne Helm und mit dünnem Flatterhemdchen – so sollten Sie nicht auf Ihrer Achtziger sitzen.

Unten links: Mit einem so abgefahrenen Reifen auf die Straße zu gehen ist auf dem Motorrad eine der schlimmsten Todsünden. Ist das Profil weniger als zwei Millimeter tief, muß der Schlappen weggeschmissen werden – und zwar sofort. – Rechts: Wieviel Liter braucht er auf hundert Kilometer? Aber Scherz beiseite: Bier und Motorradfahren vertragen sich nicht miteinander. Schon kleine Mengen Alkohol beeinträchtigen das Fahrkönnen deutlich – die Reaktionszeiten werden länger, der Blick verengt sich, das Gleichgewichtsgefühl leidet, die Selbstüberschätzung steigt. Alles höchst riskante Einflüsse, die aus einem guten Motorradfahrer einen gefährlichen Verkehrsteilnehmer machen.

Dieses Sortiment an Nothelfern sollte man dabei haben, wenn es auf größere Tour geht. Öl gehört ebenso dazu wie Ersatz-Seilzüge, zusätzliches Werkzeug, Kette und Kettenglied zum Auswechseln, Glühlampen, Zündkerzen, Flickzeug, ein neuer Schlauch, Plastikschnur und Taschenlampe. Handschuhe sind beim Reifenwechsel von Vorteil, und Hansaplast hilft, wenn doch einmal die Finger irgendwo im Weg gewesen sind.

liche Tatsache ist zudem, daß nach der Unfallstatistik jährlich mehrere hundert Motorradfahrer unter Alkoholeinfluß tödlich verunglücken. Es ist unbestritten, daß Alkohol und bestimmte Medikamente die Fahrfähigkeit stark reduzieren. Auch schon geringe Alkoholmengen wirken sich negativ auf Wahrnehmung, Aufmerksamkeit und Reaktionsschnelligkeit aus. Zum Motorradfahren gehören aber wie bei keiner anderen Fahrzeugart ein geschultes Auge, eine geübte Reaktion, das Vorausschauen und Vorausdenken. All das und noch einiges mehr machen den guten Fahrer aus. Diese Fähigkeiten sind sein und seiner Partner bester Schutz. Aber gerade sie greift der Alkohol zuerst an. Er trifft den Fahrer sozusagen an der empfindlichsten Stelle – seinem Wahrnehmungs- und Reaktionsvermögen. Auch das sind Sicherheitsreserven, die man nicht angreifen sollte. Oft bedeutet ein einziges Glas Alkohol mehr, daß man auf seine besten Talente verzichtet. Zu den Vorsorgemaßnahmen beim Fahren zählt auch das Tragen von Helm und geeigneter Schutzkleidung: Daran soll an dieser Stelle noch einmal erinnert werden. Sorgen Sie dafür, daß Ihre Maschine stets topfit ist. Dazu gehört in erster Linie, daß alles perfekt funktioniert, was der Verkehrssicherheit dient – wie Bremsen, Lenkung und Beleuchtungseinrichtungen. Für Pannen sollte außer dem für die Maschine passenden Werkzeug je nach Platz noch einiges an Zubehör und Ersatzteilen mitgeführt werden. Auf dem obigen Foto ist das Notwendigste abgebildet. Liegenbleiben kann besonders auf Schnellstraßen gefährlich werden. Daher ist es immer gut, wenn man – um kleine Pannen beheben zu können – vorgesorgt hat.

Fahrphysik: Kein Buch mit sieben Siegeln

Nur ein Dummkopf versucht einen Sack Kartoffeln, der zwei Zentner wiegt, auf seine Schultern zu wuchten, wenn er kurz zuvor an einem Zentner schon gescheitert ist und ihn kaum vom Boden wegbrachte. Nach den Gesetzen der Physik braucht man zum Aufheben eines Gegenstands eine bestimmte Kraft, je nachdem wie schwer er ist. Reicht die menschliche Kraft nicht mehr aus, muß man passen oder einen Flaschenzug zu Hilfe nehmen. Im Straßenverkehr spielt die Physik ständig mit, und unverständlicherweise legen sich tagtäglich viele Kraftfahrer mit ihr an, obwohl sie eigentlich wissen müßten, daß sie dabei nur den Kürzeren ziehen können. Nachfolgend nun das Wichtigste, das Sie wissen sollten – damit Sie nicht irgendwann einmal zu denen gehören, die erst aus Schaden klug geworden sind.

Haften oder gleiten – mit dem Kraftschluß leben.

Wenn man geht oder gar schnell laufen muß, ist es nicht allein eine Frage der körperlichen Kraft, ob man vorankommt. Es hängt auch vom Schuhwerk ab und vom Untergrund, auf dem man sich bewegt. Man wird kaum mit glatten Ledersohlen eine Felswand besteigen oder zum Wettlauf auf nassem Wiesengras in Gummistiefeln antreten: Vielmehr braucht man eine gute Verbindung mit Mutter Erde. Darum zieht der Fußballspieler Stollenschuhe an. Auch ein Kraftfahrzeug kann nur sicher geführt werden, wenn sein Kontakt zur Fahrbahn gut oder zumindest ausreichend ist. Will man mit schwierigen Umständen fertig werden, muß man etwas über den Kraftschluß wissen. So wird die Verbindung genannt, die nur dadurch zustande kommt, daß zwei Gegenstände einander berühren. Kraftschluß herrscht zum Beispiel zwischen Reifen und Fahrbahn oder

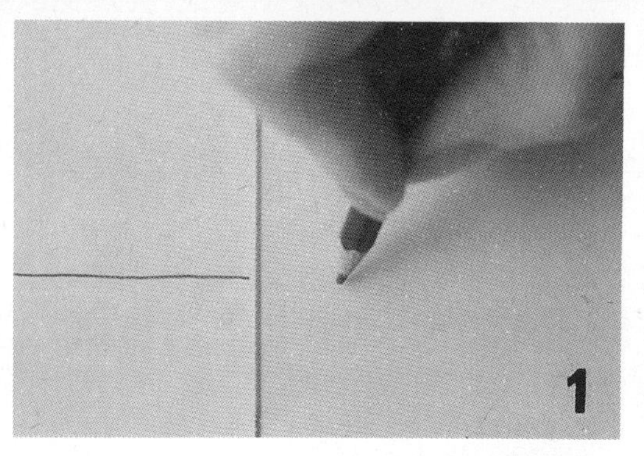

Beispiele für Form- und Kraftschluß: Kraftschluß herrscht, wenn ein Bleistift über das Papier gleitet, auf der Glasplatte daneben nicht mehr (1), oder wenn Sie, wie bei 3, sich beim Schieben eines Autos nur mit den Schuhsohlen auf dem Boden abstützen. Ist es glatt oder rutschig, haben Sie Pech gehabt – das Auto rüht sich nicht vom Fleck, höchstens Sie selbst. Stemmen Sie sich indes gegen eine Mauer, um sich besser abdrücken zu können (4), haben Sie mehr Erfolg, denn es ist Formschluß gegeben – ebenso wie bei der Zahnradbahn (2).

zwischen Bremsklotz und Bremsscheibe. Er ist gut oder schlecht, je nachdem wie Reifen und Fahrbahn beschaffen sind. So schlecht, wie man mit einem Bleistift auf einer Glasplatte schreiben kann, so gefährlich ist es, auf Glatteis zu fahren. Allerdings gäbe es noch eine bessere Möglichkeit der Fortbewegung, nämlich den Formschluß, wie ihn etwa die Zahnradbahn zur Verfügung hat. Aber dann müßten wir alle hintereinander fahren, und der Langsamste würde unsere Geschwindigkeit bestimmen. Denn beim Formschluß ist man an Schienen oder ähnliche Führungen gebunden. Wir müssen also mit dem Kraftschluß leben und versuchen, das Beste daraus zu machen. Die Größe des Kraftschlusses hängt einmal von der Belastung der Räder ab, die notfalls erhöht werden kann – beim Motorrad zum Beispiel durch die Sozia. Je größer die Radlast, um so besser der Fahrbahnkontakt. Zum anderen ist die Beschaffenheit von Reifen und Straße entscheidend. Wichtig ist die Gewichtsverteilung auf dem Fahrzeug, denn nur möglichst ausgewogene Radlasten garantieren auch einen gleichmäßigen Kraftschluß. Weit nach hinten geladene Gegenstände oder nicht richtig befestigte schwere Sachen, die vielleicht noch hin- und herschwingen, verändern die Gewichtsverteilung auf dem Motorrad und wirken sich ungünstig auf die Bodenhaftung aus, besonders in Kurven oder beim Bremsen. Tiefes und grobes Reifenprofil ist im Winter gut, außerdem erhält es den Kraftschluß bei Nässe. Im Sommer, auf trockener Fahrbahn, ist ein schon etwas abgefahrener Reifen mit breiter Aufstandsfläche die beste Lösung. Allerdings haftet ein Reifen bei Regen oder Glätte meist um so schlechter, je besser er sich auf knochentrockener Straße verhält.

Zwei handtellergroße Flächen im Einsatz – der Luftdruck muß stimmen.

Der beste Reifen kann seine Aufgabe nicht erfüllen, wenn er nicht den richtigen Luftdruck hat. Nur der vom Fahrzeughersteller angegebene Wert läßt den Reifen voll auf der Fahrbahn aufliegen. Bei zu hohem Druck rundet er sich wie ein Luftballon und berührt den Boden nur mit einer kleinen Kreisfläche. Bei zu niedrigem Druck wölbt er sich unter der Last des Fahrzeugs nach innen und trägt nur an den Randzonen. In beiden Fällen geht wertvoller Kraftschluß (Kontakt zur Fahrbahn) verloren, für den ohnehin bei jedem Reifen nur eine jeweils handtellergroße Fläche zu Verfügung steht. Wichtig ist, daß der Luftdruck nur bei kaltem Reifen geprüft werden darf. Bei schneller Fahrt oder bei sommerlichen Temperaturen erwärmt sich der Reifen: Dadurch steigt der Luftdruck automatisch, aber das ist für diese Betriebsbedingungen auch richtig.

Harmonie beim Bremsen.

Wenn ein Auto oder Motorrad in Bewegung gesetzt werden soll, wird Kraftstoff verbrannt. Dabei wird dem Fahrzeug Energie zugeführt. Je schneller es fährt, um so mehr Energie steckt in ihm. Soll es wieder abgebremst werden, muß man ihm diese Energie auch wieder entziehen. Im Regelfall geschieht das durch die Bremsen: Dabei werden sie warm und machen so die aufgenommene Energie deutlich. Leider kommt es vor, daß die Energie auch anders abgebaut wird, nämlich durch einen Aufprall. Dann zeigt sie sich in der Verformung des Fahrzeugs. Das zerknautschte Blech läßt die Wucht ahnen, die normalerweise von den Bremsen abgebaut werden muß. Deren Leistung ist deshalb auch relativ groß: Abhängig von der Höchstgeschwindigkeit, die man mit einem Fahrzeug erreichen kann, beträgt sie in der Regel das Zwei- bis Dreifache der Motorleistung. Beim Abbremsen des Motorrads tritt eine dynamische Achslastverlagerung auf, die Vorderachse wird stärker belastet. Dieser Effekt ist beim Zweirad besonders groß, weil das Fahrzeug einen kurzen Radstand und einen ziemlich weit oben liegenden Schwerpunkt hat. Da

Beim Bremsen spielt das Vorderrad die erste Geige: Es kann mehr Bremskraft übertragen als das Hinterrad. Zum optimalen Verzögern muß man natürlich beide Bremsen einsetzen. Das Bild links zeigt, wie die Telegabel dabei zusammensackt, wie stark also das Vorderrad belastet wird. Der Fahrer kann durch Gewichtsverlagern nach vorn für noch bessere Reifenhaftung sorgen. Überbremst er vorn (rechts), kann freilich bei einer leichten Achtziger glatt das Hinterrad hochkommen. Das sollte nicht sein, denn ein Rad, das in der Luft ist, kann schon gar nicht bremsen – vom schlimmstenfalls drohenden Überschlag ganz zu schweigen.

Fahrer und Beifahrer relativ hoch sitzen, wirkt sich ihr Gewicht stark auf die Gesamtschwerpunktlage aus. Daraus folgt, daß das Bremsverhalten des Zweirads je nach den Kilogramm von Fahrer und Beifahrer sehr unterschiedlich ausfällt. So wird beispielsweise ein leichtes Kerlchen mit Jockey-Figur auf einem schweren Motorrad die dynamische Achslastverlagerung nur gering beeinflussen, während zwei Personen auf einer leichten Maschine eine erhebliche Änderung des Bremsverhaltens bewirken können. Gefährlich ist das Überbremsen einzelner Räder. Beim Vorderrad kann das besonders dann auftreten, wenn die Bremse zwar kräftig betätigt wird, doch der Untergrund eine so starke Bremskraft wegen zu geringen Kraftschlusses nicht aufnehmen kann (etwa auf Rollsplitt, nasser, glatter oder verschneiter Fahrbahn). Zum Überbremsen des Hinterrads neigen besonders Leute, die vom Fahrrad oder Mofa her das Verzögern mit Rücktritt gewöhnt sind. Beim Motorrad muß auf feines Dosieren der Fußbremse geachtet werden: Beim Blockieren des Hinterrads kann nämlich das Fahrzeug mit dem Heck ausbrechen und ins Schleudern geraten. Häufig kommt es vor, daß der Zweiradfahrer zwar beide Bremsen richtig dosiert, dann aber, weil der Bremsweg nicht ausreicht, die Kraft an der Vorderradbremse erhöht. Verringert er dabei nicht gleichzeitig die Bremskraft an der Hinterradbremse, kann durch die dynamische Achslastverlagerung das Hinterrad so weit entlastet werden, daß es trotz verhältnismäßig geringer Bremskraft blockiert. Wie lang ist der Bremsweg mit Sozia oder Sozius? Zunächst ist er von der Masse des Fahrzeugs

Die drei Typen finden es bestimmt sehr sportlich, wie sie hier um die Ecke kommen. In Wirklichkeit ist es nicht sportlich, sondern blöd – nicht nur das Fahren ohne Helm, wie es der eine praktiziert, sondern auch das unsinnige Kurvenschneiden des mittleren und überhaupt das Reinbolzen in die Einmündung, mit rennmäßiger Schräglage. Für sauberes und schnelles Kurvenfahren bietet sich anderswo viel bessere Gelegenheit.

abhängig, also mit Beifahrer länger. Das muß jedoch nicht so sein, da durch den Passagier das Hinterrad mehr belastet wird und somit die Bremskraft dort verstärkt werden kann. Die größere Masse kann durch eine Erhöhung der Bremskraft am Vorderrad oder an beiden Rädern ausgeglichen werden. Daraus folgt, daß mit und ohne Beifahrer der Bremsweg als gleich angesehen werden kann. Er kann unter günstigen Umständen mit Sozia sogar kürzer sein als ohne.

Was geschieht nun in der Praxis? Eine plötzliche Gefahr löst meist einen Reflex aus: voll auf die Bremse! Dabei kann dreierlei herauskommen.

1. Beide Räder blockieren sofort. Das ist noch lange nicht das Schlimmste, was einem passieren kann. Gewiß kann dabei das Fahrzeug nicht mehr in eine andere Richtung gebracht werden. Wenn die Zeit aber noch reicht, kann man durch Loslassen der Bremse das Fahrzeug wieder lenkbar machen.
2. Nur das Vorderrad blockiert. Das passiert besonders auf nassen oder glatten Fahrbahnen, weil die Vorderradbremse in der Regel zwei- bis dreimal stärker als die hintere ist. Wird keine große Verzögerung erreicht, weil die Straße glatt ist, findet auch die dynamische Achslastverlagerung nicht statt, und nun ist die Vorderradbremse für diesen Fall viel zu stark – sie packt zu, und das Rad bleibt stehen. Geschieht das beim Zweirad in Schräglage während der Kurvenfahrt oder auf Fahrbahnen mit starker Neigung, ist ein Sturz kaum vermeidbar. Auch hier kann nur sofortiges Loslassen der Bremse vielleicht noch das Schlimmste verhüten.

3. Nur das Hinterrad blockiert. Das kann geschehen, wenn auf trockener Fahrbahn voll gebremst wird. Die Gewichtsverlagerung nach vorn wird dabei möglicherweise so extrem, daß das Hinterrad kaum noch Kraftschluß hat, und dann genügt schon eine mittlere Bremskraft, um es zum Blockieren zu bringen. Das Gefährliche daran ist, daß das Fahrzeug mit der Heck ausbricht, wenn die Bremse nicht sofort wieder gelöst wird. Es passiert dabei nicht selten, daß der Fahrer über den Lenker geschleudert wird.

Die Fliehkraft.

Jedes Fahrzeug will sich – wie jeder Körper überhaupt – geradeaus bewegen. Soll eine Kurve gefahren werden, muß man es auf die entsprechende Kreisbahn zwingen. Das geschieht beim Zweirad mit Hilfe der Lenkung, der Schräglage und der Seitenführungskräfte, die von den Reifen übernommen werden. Das Fahrzeug widersetzt sich diesem Zwang mit der

Überraschende Begegnung der gefährlichen Art: Wenn sich plötzlich ein Dicker in Ihre Ideallinie schiebt und Sie zaubern müssen, haben Sie etwas falsch gemacht – Sie sind nämlich in einer unübersichtlichen Kurve zu schnell gewesen. Schwerfahrzeuge brauchen in solchen Biegungen viel Raum, und das kann für Sie bedeuten, daß Sie Ihren Kurs radikal ändern müssen. Das wiederum geht nur, wenn Sie noch Reserven haben – wenn Sie also nicht zu schnell waren, um Ihren Strich noch korrigieren zu können. Deshalb raten wir Ihnen ja immer zu Respekt vor »undurchsichtigen« Kurven.

Auf diesem Bild können Sie einiges übers Kurvenverhalten lernen. Zum Beispiel den grundsätzlichen Unterschied zwischen Auto und Zweirad (1): Während die Karosserie des Wagens in der Kurve nach außen hängt, lehnt sich der Motorradfahrer, der Fliehkraft entgegen, in die Biegung hinein. Achten Sie bei dem Foto vom Gespann-Rennen (2) darauf, was die tollkühnen Männer in den Seitenwagen machen. Je nachdem, ob das »Boot« rechts oder links von der Maschine läuft, hängen sie sich seitlich heraus oder steigen ihrem Fahrer aufs Hinterrad. Auch hier wird das Gewicht zur Kurveninnenseite verlagert, um damit der Kippgefahr entgegenzuwirken. Durch hohe Kurvengeschwindigkeiten (3) treten auch entsprechend hohe Fliehkräfte auf. Die Motorradrennfahrer in der Bildsituation sind deshalb zu diesen extremen Schräglagen gezwungen. Derartige Schräglagen sind aber nur bei guter Fahrbahnhaftung möglich und mit Spezialbereifung, sogenannten Slicks (4), die eine weichere Gummimischung haben und völlig ohne Profil sind.

Fliehkraft. Die ist um so größer, je enger die Kurve ist und je schneller gefahren wird. Wichtig ist vor allem zu wissen, daß die Fliehkraft mit dem Quadrat der Geschwindigkeit zunimmt. Das heißt: Sie vervierfacht sich, wenn das Tempo verdoppelt wird. Fährt man eine enge Kurve mit 30 km/h, dann ist die dabei entstehende Fliehkraft nur halb so groß, wie wenn die Kurve mit 45 km/h genommen wird. Die Fliehkraft versucht also das Fahrzeug wieder in Geradeausrichtung zu bringen, und sie zeigt sich dem Betrachter beim Auto durch die Neigung der Karosserie nach der Kurvenaußenseite (die Räder haften durch den Kraftschluß auf der Fahrbahn, der Aufbau, der geradeaus fahren möchte, wird von den Rädern in die Kurve gezogen, und diesem Zug widersetzt er sich), beim Zweirad durch die Schräglage (der Fahrer muß sich der Fliehkraft entgegenneigen, damit sie ihn nicht umwirft). Je größer also die Fliehkraft, um so stärker die Schräglage. Die Schwierigkeit beim Zweirad ist, daß es vorn und hinten nur jeweils ein Rad hat, das den Kraftschluß übertragen kann. Gerät der Fahrer von einer griffigen auf eine glatte Fahrbahn (Rollsplitt, Staub, Schmutz, Sand am Fahrbahnrand), wird der Kraftschluß so gering, daß die Schräglage nicht mehr verwirklicht werden kann; das Zweirad rutscht nach der Kurvenaußenseite hin weg. Versucht der Fahrer sein Fahrzeug in der Kurve abzubremsen, reicht das Kraftschlußangebot nicht aus, das Fahrzeug »fliegt« hinaus. Oft würde es schon genügen – wenn ausreichend Platz zur Verfügung steht –, durch kurze Geradeausfahrt und gleichzeitiges Bremsen (damit wird Fliehkraft abgebaut) die gefährliche Tempospitze abzuschneiden.

Die Kreiselkräfte.

Ein Motorrad kann nicht alleine stehen. Wenn es nicht auf dem Mittel- oder Seitenständer ruht oder einer es festhält, fällt es um. Es befindet sich ohne diese Hilfe im labilen Gleichgewicht. Daran ändert sich zunächst auch nichts, wenn der Fahrer draufsitzt. Solange er noch nicht losgerollt ist, muß er zumindest einen Fuß als Stütze auf den Boden setzen und so aus dem Zweirad ein (im stabilen Gleichgewicht befindliches) Dreibein machen. Wie kann aber ein so windiges Vehikel überhaupt fahren, wenn es nicht einmal stehen kann? Hier kommt wieder die Physik zu Hilfe – in Gestalt der sogenannten Kreiselkraft. Solange sich die Räder bei geringem Tempo nur langsam drehen, kann man freilich auf das Wirksamwerden dieser Kreiselkraft lange warten. Hier muß der Fahrer ganz allein aktiv werden und das Motorrad mit Lenkausschlägen und durch Verlagern seines Gewichts stabilisieren. Sein Gleichgewichtssinn sagt ihm, wann er was tun muß, damit sich der Schwerpunkt bei Geradeausfahrt genau über der Verbindungslinie zwischen den beiden Reifenaufstandsflächen einpendelt. Diese Balancierarbeit, die in einem deutlichen Schlängelkurs sichtbar wird, ist bis zu einer Geschwindigkeit von etwa 25 km/h notwendig. Erst wenn das Motorrad schneller wird, kann sein Reiter auf die freundliche Mithilfe der Kreiselkraft rechnen. Wie geschieht das? Ein Körper, der sich um eine Achse dreht, hat das Bestreben, diese Drehrichtung beizubehalten. Man kennt das vom Kinderkreisel. Solange er schnell rotiert, wirft ihn die Peitschenschnur, von der er seinen Drehimpuls erhält, keineswegs um, so heftig auch der Stock geschwungen wird. Erst wenn seine Geschwindigkeit fast auf Null zurückgegangen ist, fällt er zur Seite. Genauso widerborstig reagiert ein sich drehendes Rad auf jede Störkraft, die auf seine Achse einwirken will. Sein Drang zur Stabilität wird um so größer, je schneller es rotiert, und das trägt zum sicheren Motorradfahren in höchst angenehmer Weise bei. Das Schönste ist, daß das jenseits von 25 km/h sozusagen vollautomatisch vonstatten geht. Man muß aber nicht nur wissen, daß ein Kreisel generell etwas gegen Störkräfte hat; wichtig ist auch, wie er darauf reagiert. Versucht nämlich die Störkraft die Drehachse des rotierenden Körpers zu kippen, so gehorcht er dem nicht etwa, sondern weicht boshafterweise im rechten Winkel dazu aus. Will also das Motorrad während der Fahrt zu Seite kippen, beantwortet sein Vorderrad diese Störkraft durch eine rechtwinklig dazu angesetzte Gegenkraft, die einen Lenkeinschlag nach der gleichen Seite bewirkt: Der Schwerpunkt der Maschine wandert wieder unter ihre Mittellinie, sie richtet sich – mit Unterstützung der Fliehkraft – auf. Dieses dauernde Hin und Her zwischen Störkraft und Reaktion läuft ohne Zutun des Fahrers ab. Erst jenseits von 40 km/h muß er wieder bewußt beim Stabilisieren helfen, weil dann die Abfolge des Spiels von Kraft und Gegenkraft so schnell wird und die Lenkausschläge so gering bleiben, daß die »Feinabstimmung« durch Gewichtsverlagerung erreicht werden muß. Aber auch davon merkt der Fahrer nicht viel. Die erforderlichen Bewegungen laufen gewissermaßen selbsttätig ab. Ein Gefühl der Unsicherheit entsteht nicht.

Absteigerlatein.

Verlassen Sie sich beim Kurvenfahren nur auf Ihr eigenes Können. Es gibt Leute, die behaupten, daß auf dem Motorrad nur die schnell gefahrene Kurve eine gut gefahrene sei, ganz gleich wie groß der Schwierigkeitsgrad ist. In der Regel sind solche Behauptungen »Absteigerlatein«, von Leuten in die Welt gesetzt, die andere zu dieser törichten Einstellung verleiten wollen – vielleicht sogar deshalb, weil sie in ihrer ganzen Dummheit nicht allein sein möchten. Fest steht, daß ein Motorradfahrer, der ständig nach diesen Grundsätzen fährt, irgendwann einmal absteigt. Andererseits müßte sich eigentlich jeder vorstellen können, daß in einer »blinden«, unübersichtlichen Kurve schon ein liegengebliebener Personenwagen über die Stirn- und Blechbremse den Rest besorgt, wenn die Bremsen nicht mehr ausreichen. Sie sollten immer daran denken: Für einen, der sein Motorrad beherrscht, liegt die Kunst nicht darin, Kurven schnell zu fahren – ganz im Gegenteil. Im heutigen Straßenverkehr mit seinen vielen Risikofaktoren gibt es nur eine Kunst, und die besteht darin, Kurven sicher zu fahren.

In einer Schreckreaktion vor dem plötzlich in der Kurve auftauchenden Traktor überbremste der Motorradfahrer seine Maschine, kam ins Schleudern, prallte an die Leitplanke und verletzte sich dabei tödlich.
So kann sich zu hohe Geschwindigkeit auswirken, wenn bei zu geringer Sichtweite unvermutet ein Hindernis auftaucht.

Auf Gesellschaftstour – zu zweit oder in der Gruppe

Allein auf dem Motorrad zu fahren ist natürlich eine reinere Freude als zu zweit, besonders wenn das Spurtvermögen der Maschine schon solo zu wünschen übrig läßt. Wir wollen hier aber trotzdem Fragen behandeln, die sich aus dem Fahren zu zweit, in der Gruppe und mit Gepäck ergeben. Wenn Sie jemand mitnehmen wollen, sollten Sie sich vorher vergewissern, ob der Mitfahrer das erste Mal auf einem Motorrad sitzt oder schon Erfahrungen sammeln konnte. Dieses Wissen ist für Sie wichtig: Denn sonst kann es in der ersten Kurve schon zu bösen Überraschungen kommen, wenn sich Ihr Mitfahrer aus Angst vor der Schräglage plötzlich aufrichtet. Deshalb sollten Sie die ersten Kilometer möglichst behutsam absolvieren. Besser noch, Sie erklären einem ungelernten Mitfahrer vor dem ersten Start, wie er sich bei der Kurvenfahrt zu verhalten hat und wie man sich verständigen kann, wenn dazu eine Notwendigkeit besteht. Zum Beispiel kann man ausmachen, daß zweimaliges Klopfen auf die Schulter »bitte anhalten« heißt. Solche Verabredungen sind notwendig, weil eine Verständigung über die Stimme unter dem Helm kaum möglich ist. Vor der ersten Fahrt muß einem Neuling auch gezeigt werden, wie und wo man sich auf einem Motorrad festhält. Die beste Methode: mit beiden Armen am Fahrer. Keinesfalls darf man zulassen, daß sich die Sozia am hinteren Teil der Sitzbank abstützt. Das mag auf einem Mokick noch angehen; auf einem stärkeren Motorrad ist es aber die sicherste Weise, seinen Mitfahrer unter Umständen schon beim ersten scharfen Beschleunigen auf wenig charmante Art wieder loszuwerden.

Fahren in der Gruppe hat seine speziellen Gefahren, und es gibt genügend schwere Unfälle, die dafür den Beweis liefern. Beachten Sie deshalb bei Ausflügen im Pulk grundsätzlich unsere zehn Empfehlungen.

1. Überholverbot innerhalb der Gruppe vereinbaren und grundsätzlich nur in Abständen hintereinander, niemals nebeneinander fahren.
2. Muß die Gruppe andere Partner, die nicht zur ihr gehören, überholen, sollte das einer nach dem anderen tun und nicht ganze Rudel unter Mißachtung aller Längsabstände.

Hier ist – auf der rechten Fahrspur – ein Pulk von Anfängern unterwegs. Wer auf der Autobahn in einem solchen Knäuel fährt, hat noch nicht begriffen, worauf es auf Schnellstraßen dieser Art ankommt und wie gefährlich sie wegen der hohen Geschwindigkeiten sind, die darauf gefahren werden. Für überholende Autofahrer ist das wieder einmal das typische Bild von den »verrückten Kerlen auf dem Motorrad«. Richtig machen es die Tourenfahrer auf der linke Spur: Ausreichend Abstand voneinander, viel Seitenabstand beim Überholen.

3. Es sollten etappenweise Treffpunkte vereinbart werden, damit kein Gruppenmitglied Angst hat, die übrigen zu verlieren, und sich deshalb auf riskante Fahrmanöver einläßt. Vereinbaren Sie auch, wann und wo einer die Gruppe verlassen will, nur bei Anwesenheit aller Gruppenmitglieder. Denn wenn das »Ausklinken« einzelner mit einem Abbiegevorgang verbunden ist, kann es zu schwerwiegenden Mißverständnissen führen, wenn der nachfolgende Fahrer darüber nicht Bescheid weiß.
4. Der beste Mann sollte die Gruppe anführen und das Tempo unter Berücksichtigung des Könnens der übrigen Mitglieder bestimmen.
5. Beim Kurvenfahren nie das nachmachen, was der Vorausfahrende vormacht. Einerseits, weil es falsch sein könnte, und andererseits, weil vielleicht auch noch das Können dazu fehlt.
6. Gruppenfahren kann anstrengend sein. Deshalb grundsätzlich die Leistungsfähigkeit des schwächsten Mitglieds zum Maßstab nehmen, sonst kann es zu Reaktionsfehlern und Konditionsschwächen durch Übermüdung kommen.
7. Keine fremden Partner, die durch Zufall zwischen die Gruppe geraten, mit sanfter Gewalt verdrängen wollen. Auch dadurch kommt es häufig zu gefährlichen Situationen.
8. Keine Privatrennen innerhalb der Gruppe veranstalten. Dafür gibt es abgesperrte Pisten. Die öffentliche Straße ist nicht der geeignete Ort, außerdem ist es verboten.
9. Besondere Rücksicht auf schnellere Partner nehmen. Die haben es oft schwer, an Gruppen, die langsamer sind, vorbeizukommen. Hier kann man durch das Einhalten größerer Längsabstände helfen.

In Gruppen zu fahren, wie in der oberen Bildsituation, trägt nicht dazu bei, das Image der Motorradfahrer zu heben. Umgekehrt, mit dieser undisziplinierten Fahrerei im Rudel macht man sich nur bei den übrigen Straßenpartnern unbeliebt. Hier ist es außerdem gefährlich, denn die jungen Zweiradler hängen sich im »Blindflug« an den überholenden Personenwagen. Wenn hier die Lücke zum Einscheren zu knapp wird, besorgt bei den ausgesperrten Motorradfahrern der Gegenverkehr den Rest.

10. Geselliges Miteinander verführt leicht zum Genuß von Alkohol. Der greift aber genau das an, was beim Motorradfahren – nicht nur in der Gruppe – dringend benötigt wird: Die sichere Beherrschung des Fahrzeugs und die Reaktionsfähigkeit.

Gepäck auf dem Motorrad ist auch ein Problem. Hier kann man vieles falsch machen. Am besten eignet sich ein Tankrucksack, zweitbeste Lösung sind Packtaschen, die links und rechts neben dem Hinterrad befestigt sind. Daß am Lenker nichts herumbaumeln sollte, versteht sich von selbst. Durch weit nach hinten überstehende Lasten wird die Schwerpunktlage der Maschine verändert. Wenn sie dann noch wacklig befestigt sind, kann das Motorrad leicht ins Schlingern kommen. Außerdem verstärkt sich die Tendenz zum Aufsteigen des Vorderrads beim Gasgeben.

Es gibt Wege, die Sie als Motorradfahrer besser meiden, selbst wenn Sie sie benutzen dürfen. Hier ist es offenbar eine bekannte Wanderstrecke, vielleicht noch am Sonntag, jedenfalls bei gutem Wetter – das führt zu gefährlicher Schlängelei um Fußgänger herum und natürlich zu bösem Blut über die »Motorradfahrer, die in Massen überall herumkurven müssen«. Es gibt genug andere Strecken, die Sie finden können, wenn Sie nur danach suchen.

Wenn die Ferne lockt

Auch bei noch so günstigen Voraussetzungen werden Sie mit Ihren 80 Kubik auf längeren Reisen kaum mehr schaffen als einen Durchschnitt von 60 km/h. Planen Sie größere Strecken sorgfältig, und wählen Sie dafür möglichst nur Landstraßen. Auch wenn es vielleicht reizt, die Autobahn zu benutzen, um mehr Kilometer hinter sich zu bringen, sollten Sie derartige Schnellstraßen tunlichst vermeiden. Denn Sie kurven dort, besonders an Wochentagen, ständig zwischen Lastwagen herum und werden pausenlos von schnelleren Fahrzeugen überholt, weil Sie mit Ihrer Höchstgeschwindigkeit von 80 km/h einfach zu den Langsamen gehören. Und wenn Sie sich dann als ein so winziger Punkt zwischen Lastwagen herumtreiben und ein Überholer muß in diese Lücke einscheren, weil ihm ein schnellerer Hintermann im Nacken sitzt – dann können Sie in eine äußerst heikle Lage kommen, wenn Sie von dem zu spät bemerkt werden. Gefährliche Situationen kann es aber auch geben, sobald Sie selbst überholen wollen. Der Überholweg wird ziemlich lang, wenn Sie mit 80 km/h neben einem Laster hängen, der mit 75 fährt. Sorgen Sie auf Autobahnen oder anderen Schnellstraßen auch immer dafür, daß Sie genügend Sprit im Tank haben. Der Weg zur nächsten Tankstelle ist besonders lang, wenn man schieben muß. Auf der Standspur mag das vielleicht noch angehen, aber wenn dann Streckenabschnitte ohne kommen, müssen Sie schon einen Schutzengel haben, wenn Sie Ihr Ziel heil erreichen wollen. Allein der Fahrtwind eines dicht vorbeifahrenden dikken Brummi kann Sie ganz schön ins Flattern und aus dem Gleichgewicht bringen. Auch das Abschleppenlassen, vielleicht sogar durch einen Kollegen mit einer anderen Achtziger, sollten Sie gar nicht erst ins Auge fassen. Erstens ist es in Deutschland verboten, und zweitens werden Sie dabei noch langsamer und so zu einem Hindernis für alle Schnelleren – mit den damit zwangsläufig verbundenen Gefahren. Letzter Tip: Bereiten Sie Ihre Maschine gut für eine längere Reise vor. Je mehr Kilometer Sie

Wer mit einer solchen Fuhre unterwegs ist, hätte sich vielleicht doch besser ein Auto gekauft. Ein Motorrad ist nun einmal kein Lastwagen – nicht nur das Fahrvergnügen, auch die Fahrsicherheit leidet erheblich, wenn man sich mit einem solchen Gepäckaufbau auf die Straße begibt.

zurücklegen wollen, um so besser muß Ihr Motorrad vorbereitet sein. Besonders die Bremsen, die Bereifung und die Kette sollten Hin- und Rückfahrt in verkehrssicherem Zustand aushalten. Erneuern Sie alles, was schon fast an der Grenze der Verkehrssicherheit ist, vor Antritt der Reise. Denn wenn Sie unterwegs reparieren lassen müssen, ist das meist teurer, als wenn Sie es selbst erledigen oder in einer Werkstatt am Heimatort machen lassen. Außerdem kommt man unterwegs doch in Versuchung, mit einem verkehrsunsicheren Motorrad weiterzufahren, sei es aus Zeitgründen, sei es weil vielleicht die Reisekasse schon ziemlich am Ende ist. Genau das erhöht aber die Unfallgefahr und kann schon bei Polizeikontrollen ein teures Nachspiel haben.

Gewußt wo und wie spart Zeit und Geld

Selbst ist der Mann (oder die Frau).

Keine Angst: Sie brauchen kein Ingenieurstudium, um an Ihrer Achtziger auch einmal etwas selber machen zu können. Die Technik der Leichtkrafträder ist vergleichsweise einfach, und wenn man sich nicht mehr vornimmt, als man auch fertigbringen kann, bleibt manche Mark gespart, die sonst in die Werkstatt getragen würde. Hierzu allerdings ein Wort vorweg. Es ist eine gute Sache, wenn man technisches Verständnis und Basteltalent hat. Aber es ist auch keine Schande, wenn man nicht darüber verfügt. Wenn Sie glauben, zwei linke Hände zu haben, sollten Sie nicht mit Gewalt ein Hobby-Techniker werden wollen. Oft ist das, was man für mangelnde Begabung hält, aber nur fehlende Übung. Sie sollten es daher ruhig einmal mit leichten Wartungsarbeiten an Ihrer Maschine versuchen: Möglich, daß Sie doch Gefallen daran finden und sich bald mehr zutrauen. Andererseits sollten Sie sich indes auch nicht überschätzen. Nichts ist unangenehmer als ein Do-it-yourself-Versuch, den man abbrechen und von der Werkstatt vollenden lassen muß. Oft hat man, wenn man aufgibt, schon das eine oder andere »kaputtrepariert« und muß dafür noch zusätzliches Geld aufwenden – ganz abgesehen vom mitleidigen Grinsen der Profis, wenn man ihnen das Angebastelte auf den Tisch legt. Sie sollten sich also zur Regel machen: Nur das anfassen, was Sie mit Sicherheit beherrschen, was Sie sich eventuell von guten Freunden zeigen lassen können und was nicht in ganz engem Zusammenhang mit der Fahrsicherheit des Motorrads steht. Bremsreparaturen zum Beispiel gehören grundsätzlich in die Werkstatt.

Öfter mal ein Waschtag.

Ohne Pflege lebt auch eine Achtziger nicht lange. Die wichtigste – und einfachste – Übung auf diesem Gebiet ist das Waschen. Vor allem wenn Sie auch im Winter fahren, sollten Sie oft zu Eimer und Schwamm greifen, denn das Salz auf den Straßen greift Lack und Chrom sonst schnell an. Aber ebenso im Sommer gehört es zur Reinlichkeit, daß man zumindest alle zwei Wochen eine Putzstunde ansetzt. Vor dem Waschen sollten Sie alle öligen und fettigen Stellen an der Maschine mit Kaltreiniger oder Teerentferner saubermachen. Danach genügt viel Wasser – am besten aus dem Schlauch –, um Ihr gutes Stück wieder strahlen zu lassen. Empfehlenswert ist nach dem Badefest ein letztes Abschwammen mit Wasser, dem Sie einen Schuß Waschkonservierer beigemischt haben. Er dringt auch in alle versteckten Winkel und macht dort dem Rost das Leben ein wenig schwerer. Gründliches Abledern steht am Schluß der Prozedur. Abspritzen mit hartem Wasserstrahl oder gar einem Dampfreinigungsgerät sind nicht ideal; auf diese Weise kann Schmutz oder Feuchtigkeit in Ecken geraten, wo man sie nicht haben will, etwa in Rad-, Lenkkopf- oder Schwingenlager oder in die Elektrik. Solide Handarbeit ist auch beim Putzen immer noch das Beste. Gelegentliches Wachsen der lackierten und Konservieren der verchromten Teile – besonders vor dem Winter – erhält das gute Aussehen Ihrer Maschine länger. Für Leichtmetallteile (Motorgehäuse, Räder) gibt es spezielle Reinigungs- und Pflegemittel.

Gut schmieren, gut fahren.

Wer gut schmiert, der gut fährt: Diese Weisheit aus der Zeit der Postkutschen ist auch fürs Motorrad nicht falsch. Daß Sie sich – wenn Ihre Maschine Mischungsschmierung hat, bei jedem Tanken, sonst durch regelmäßige Kontrolle des Ölbehälters – um ausreichenden Schmierstoff für den Motor kümmern müssen, ist selbstverständlich. Außerdem laufen aber auch Kupplung und Getriebe im Ölbad, und da müssen Sie ebenfalls gelegentlich nach dem Rechten sehen. Welche Schraube Sie für diese Kontrolle aufdrehen sollen, lesen Sie in der Betriebsanleitung für Ihr Motorrad. Darin steht auch, in welchen Zeit- oder Kilometerabständen dieses Öl gewechselt werden muß. Das können Sie ebenfalls ohne Mühe selbst machen, indem Sie das alte Öl bei warmgefahrenem Motor durch Lösen der Ablaßschraube abfließen lassen (Behälter unterstellen und den Inhalt dann an Ihrer Stammtankstelle abgeben!). Vor dem Wiedereinschrauben des Stopfens Dichtungsring kontrollieren und, wenn nötig, ersetzen und dann neues Öl in vorgeschriebener Viskosität (SAE-Zahl) und Menge einfüllen. Um regelmäßige Schmierung bittet Sie die Kette.

Beim Kettenschmieren muß man ordentlich arbeiten. Wichtig ist, daß die Innenseite der Kette ihr Fett bekommt. Weil man mit der Sprühdose nicht so genau zielen kann, sollte man den Reifen mit einer Pappe abdecken. Der ist nämlich nicht scharf auf Schmierung.

Sie ist ein vielgeplagtes Bauteil Ihres Motorrads und verdient daher Ihre Aufmerksamkeit – umso mehr, als eine schlecht gepflegte Kette viel Motorkraft frißt und im ungünstigsten Fall reißen kann, mit der Gefahr, daß sie dabei das Hinterrad blockiert oder Gehäuseteile des Motors zerschlägt. Sie sollten also oft und aufmerksam nach ihr sehen, und zwar umso häufiger, je nasser das Wetter ist. Feuchtigkeit laugt nämlich die meist nur mangelhaft geschützten Ketten rasch aus und läßt sie trocken laufen. Mit den modernen, gut haftenden Kettenfetten aus der Spraydose macht das Schmieren keine Arbeit. Richten Sie den Sprühstrahl aber auf die Innenseite der Kette und passen Sie auf, daß Sie kein Glied vergessen. Auf den Reifen sollte möglichst nichts von dem Schmierstoff kommen. Dickflüssiges Öl kann man zur Not auch für die Kettenpflege verwenden, doch empfiehlt es sich weniger, weil es rasch wieder abgeschleudert wird. Ist die Kette sehr verdreckt, sollte sie vorher mit einem Reinigungsspray oder mit Benzin und Pinsel gesäubert werden. Dann aber rasch wieder neu schmieren, damit sie keinen Flugrost ansetzt.

Das kann lebenswichtig sein: Die sichernde Klemmfeder am Kettenschloß, in der Bildmitte gut sichtbar, hat eine offene und eine geschlossene Seite – und die offene darf nie nach vorn, in Kettenlaufrichtung, weisen, sondern nur nach hinten. So wird vermieden, daß sie irgendwo einhaken und aufreißen kann.

Eine gute Hilfe beim Kettenspannen sind die Strichmarkierungen über der Achse (Pfeil). Hier kann man ablesen, ob man rechts und links gleich stark gespannt hat. Nur dann steht das Rad richtig in der Spur.

Nicht so oft wie die Kette, aber regelmäßig brauchen auch andere Teile Ihrer Maschine ihre Schmierung. Dazu gehören zum Beispiel die Drehpunkte und Wellen des Kupplungs- und Handbremshebels und des Fußbremshebels nebst Gestänge zum Hinterrad, denen Sie von Zeit zu Zeit ein Tröpfchen Öl spendieren müssen. Gibt es Fettnippel an Ihrer Maschine, sollten Sie sich eine kleine Handabschmierpresse zulegen und dort gelegentlich ein bißchen Schmierfett hineinpumpen. Die Seilzüge von den Handhebeln zu Kupplung und Vorderradbremse (wenn es nicht eine hydraulisch betätigte Scheibenbremse ist) freuen sich auch über eine gelegentliche Ölung: Dazu müssen Sie sie an den Handhebeln aushängen, das freie Ende senkrecht halten und mit einem Ölkännchen das Schmiermittel zwischen Hülle und Seele (dem eigentlichen Drahtzug) hineinträufeln, bis es unten wieder herauskommt. Sollten an den Bowdenzügen kleine Nippel vorgesehen sein, so sind sie ebenfalls für Öl – nicht für Fett – gedacht. Nach einem Ölwechsel in größeren Abständen verlangen auch viele Teleskopgabeln. Dazu müssen Sie kleine Ablaßschrauben am unteren Ende der Holme öffnen, das Öl abfließen lassen (mit mehrmaligem Einfedern der Gabel nachhelfen!) und gemäß Betriebsanleitung nach Abnehmen der oberen Verschlußstopfen neuen Schmierstoff einfüllen, je nach Vorschrift entweder Motorenöl oder Flüssigkeit für automatische Getriebe (ATF). An den hinteren Federbeinen dagegen kann und muß das Dämpferöl in aller Regel nicht gewechselt werden.

Mit kritischen Augen.

Lieber einmal zu oft als einmal zu wenig sollten Sie sich Ihre Maschine kritisch ansehen – dabei um sie herum und auch einmal in die Knie

Routinegriff zur Prüfung des Lenkkopfspiels: Wenn die rechte Hand unten den Holm der Telegabel nach vorn zieht, darf oben am Lenkkopf nichts wackeln oder gar klappern – andernfalls muß nachgestellt werden, am besten in der Werkstatt, weil es da auf Zentelmillimeter ankommt.

gehen, damit Sie alles ganz genau anschauen können. Mit den Augen kontrollieren können Sie zum Beispiel Reifen und Räder. Wie tief das Profil im Gummi noch ist, ob der Pneu beschädigt ist, ob die Felgen »eiern«, das läßt sich ohne große Kunst feststellen, wenn Sie die Räder beim aufgebockten Motorrad langsam durchdrehen und sie genau betrachten. Reifen mit größeren Rissen und Löchern (also auch nach einem deftigen Nagel-Platten) sind wegschmeißreif, ebenso wenn die Profiltiefe nur noch zwei Millimeter beträgt. Erlaubt ist zwar, sie bis auf einen Millimeter abzufahren, doch sollten das beim Motorrad – auch bei einer Achtziger! – nur Selbstmörder ausprobieren. Vom Reifen, seiner nun wirklich nicht großen Kontaktfläche zur Straße und seinem Profil hängt Ihre Sicherheit so sehr ab, daß Ihnen hier jede Lust am Sparen gleich vergehen sollte. Bei zwei Millimeter Restprofil (zum Messen gibt es beim Reifenhändler kleine Lehren aus Kunststoff) runter mit dem Schlappen und ein neuer Reifen drauf. Ebenso sollten Sie sich von Felgen trennen, die bei einem Unfall oder beim Überfahren eines Bordsteins verbeult worden sind. Zurechtklopfen ist Murks und allenfalls erlaubt, um – entsprechend vorsichtig – noch nach Hause zu kommen. Gußfelgen können schlechte Behandlung sogar mit Brüchen quittieren – da hilft dann nur noch Auswechseln.
Daß Sie die Lebensdauer Ihrer Reifen verlängern können, wenn Sie jede Woche einmal nach dem Luftdruck sehen, ist Ihnen sicher bekannt. Tun Sie's also auch, und zwar ebenso aus Sicherheitsgründen. Kaufen Sie sich dazu Ihren eigenen Luftdruckmesser, den Sie am besten mit Hilfe zuverlässiger Tankstellengeräte »eichen«, und benutzen Sie ihn oft. Wenn Sie unterwegs unerwartet jemand mitnehmen, sollten Sie auch erst den Druck im Hinterreifen auf den vorgeschriebenen Sozius-Wert bringen – entweder mit Ihrer eigenen Luftpumpe oder an der nächsten Tankstelle. Dabei sollten Sie bedenken, daß der Reifen sich während der Fahrt

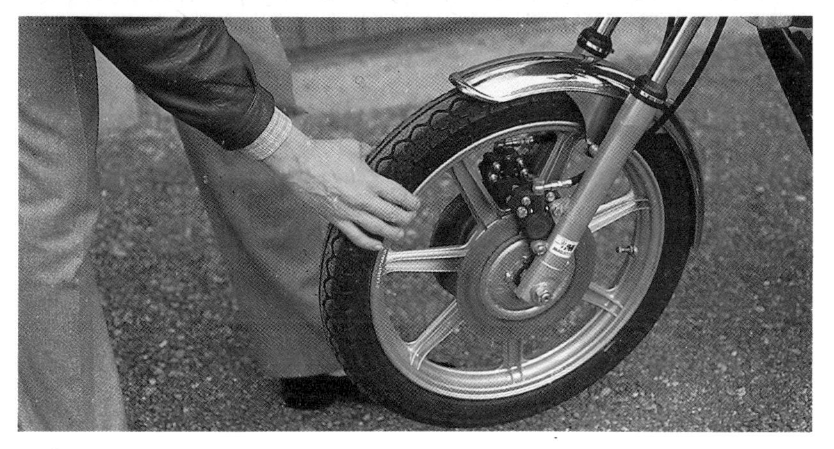

Radlagerspiel stellt man fest, indem man das Rad seitlich zu verkanten versucht. Da darf kein Spiel spürbar sein.

erwärmt und somit, wenn Sie ihn unterwegs nachmessen, scheinbar zuviel Luftdruck hat. Dieses Plus müssen Sie auch addieren, wenn Sie nun zusätzliche Zehntelbar für Ihren Passagier hineinpusten.
Praktisch alle Leichtkrafträder haben Einzylindermotoren. Das bedeutet: Es gibt Vibrationen, bei der einen Maschine mehr, bei der anderen weniger, bei dieser oder jener Drehzahl – und es kann sich so im Lauf der Zeit einiges lockern oder losschütteln, wenn man nicht öfter mal nach dem Rechten sieht. Das sollten Sie, mit Schraubendreher und passenden Schraubenschlüsseln bewaffnet, regelmäßig tun. Sie ziehen dabei alle Schraubverbindungen nach, die sie an Ihrem Motorrad finden können. Aber nicht mit roher Gewalt, sondern mit Gefühl – denn jede Schraube braucht ein vorgeschriebenes Anzugs-Drehmoment, wenn sie nicht einen Knacks bekommen soll. Werkstätten haben Tabellen mit diesen Drehmomenten und verwenden bei wichtigen Schraubverbindungen sogenannte Drehmomentschlüssel. Beides brauchen Sie nicht unbedingt; es genügt, wenn Sie beim Nachziehen Nachdruck, aber keine unbeherrschte Kraft anwenden. Anbauteile, sie sich immer wieder lösen, haben vielleicht Schrauben, bei denen ein Federring oder eine sonstige Sicherung vergessen wurde – die dürfen Sie in eigener Regie nachrüsten.
Zum möglichst täglichen Check-Programm gehört das Überprüfen der Beleuchtung. Vor jedem Losfahren müssen Sie wissen, ob Scheinwerfer und Rücklicht in Ordnung sind; bei Tageshelle kontrollieren Sie das, indem Sie die Hand ganz dicht vor die Streuscheiben halten und am Widerschein sehen, ob die Glühlampen wirklich brennen. Genauso kümmern Sie sich um Blinker und Bremslicht. Kaputte Glühlampen so bald wie irgend möglich auswechseln; kluge Leute haben zumindest ein Rücklicht-Birnchen (das am ehesten defekt ist) dabei, aber nicht im Werkzeugfach an der Maschine, wo es bald zu Tode gerüttelt wird, sondern in der Tasche des Fahranzugs. Der Aus- und Einbau von Glühlämpchen ist meist kein Hexenwerk und mit einem Schraubenzieher rasch zu

erledigen. Achten Sie aber darauf, wieder exakt die gleiche Sorte – nach Größe, Fassungsart, Volt- und Wattzahl – zu verwenden. Brennt die Ersatzbirne ebenfalls nicht, ist sie entweder auch kaputt (das kommt gar nicht einmal so selten vor) oder nicht die Glühlampe, sondern Kontakte oder Kabelverbindungen sind die Übeltäter. Da heißt es dann den Kabeln und ihren jeweiligen Farben folgend systematisch weitersuchen, bis die Unterbrechung im Stromfluß gefunden ist.
Die meisten Achtziger haben eine Batterie, und auch die freut sich, wenn Sie gelegentlich nach ihr sehen. Prüfen müssen Sie hier den Säurestand, der durch das transparente Batteriegehäuse hindurch gut zu erkennen ist. Nachfüllen dürfen Sie gegebenenfalls nur destilliertes Wasser, in keinem Fall Leitungswasser oder gar Schwefelsäure. Ist die Batterie »leer«, also ladebedürftig, sinkt der Säurestand: Sie sollten ihn also erst dann aufs Normalniveau bringen, wenn der Ladevorgang beendet ist. Zum Laden können Sie die Batterie zu einer Tankstelle bringen. Das kostet freilich neben Zeit auch Geld, und so rentiert sich für Sie bald ein kleines eigenes Ladegerät, an das Sie den Stromspeicher bei Bedarf einfach über Nacht anschließen. Dazu die Batterie ausbauen, die Schraubstopfen oben auf den Zellen abschrauben und – wenn Sie kein automatisches, elektronisches geregeltes Ladegerät haben – mit dem Laden aufhören, sobald die Säure sprudelt und »gast«: Länger als etwa eine Stunde sollte sie das nicht tun.

Nur für Bastler: Einstellen und reparieren.

Die bisher genannten Arbeiten für Pflege und Wartung waren einfach: Fast jeder Fahrer kann sie selbst erledigen und sollte das auch tun, wenn er Geld sparen will. Beim Einstellen und Reparieren sieht das freilich anders aus. Da muß man wenigstens ein bißchen Ahnung haben oder jemanden kennen, der einem die Tricks verraten kann. Wichtige Helfer sind dann auch die Betriebsanleitung oder das Fahrerhandbuch für Ihr Fahrzeug. Zu diesem Thema ist leider nicht nur Gutes zu berichten. Die Qualität dieser Heftchen, die den Maschinen mitgegeben werden, und ihres Inhalts genügt nicht einmal immer den Ansprüchen des normalen Fahrers – und erst recht nicht jener, die es ein wenig genauer wissen wollen. Viele Hersteller haben offenbar gar kein Interesse daran, ihren Kunden zuviel über die Technik ihrer Fahrzeuge zu verraten, aus der falschen Furcht, die Händler und Werkstätten könnten dann nicht mehr genug zu tun bekommen. Dabei ist es doch im Gegenteil so, daß viele Achtziger-Fahrer – sei es aus Interesse, sei es aus Sparsamkeit – in jedem Fall selbst an ihrer Maschine arbeiten wollen. Die Gefahr der Murkserei,

die dann gegeben ist, könnte durch eine ausführliche Betriebsanleitung geringer gehalten werden. Für die ganz großen Reparaturen werden die meisten Fahrer ohnehin zur Werkstatt gehen. Es ist also tatsächlich unnötig, in der Betriebsanleitung etwa die Generalüberholung eines Motors zu behandeln. Dafür gibt es Werkstatthandbücher, an die der gewöhnliche Sterbliche allerdings in der Regel nicht herankommt. Auch diese Geheimniskrämerei ist unklug: Die ausführlichen Reparaturanleitungen sollte jedermann kaufen können. Die Nachfrage wäre sowieso nicht übertrieben groß, denn zu komplizierten Arbeiten gehört nicht nur Geschick, sondern mitunter auch teures (und den Werkstätten vorbehaltenes) Spezialwerkzeug.
Selbst kleinere Schraubereien gelingen nicht, wenn Sie kein ordentliches Werkzeug haben. Der Schund, den die meisten Hersteller ihren Maschinen serienmäßig mitgeben, taugt nicht. Wenn Sie ernsthaft basteln wollen, muß also etwas Besseres her. Und das heißt in der Regel, daß Sie das eine oder andere Werkzeug kaufen müssen. Konzentrieren Sie sich dann auf das, was Sie wirklich an Ihrem Motorrad brauchen (Maulweite bei Schraubenschlüsseln, Klingenbreite bei Schraubendrehern) und nehmen Sie nur beste Markenqualität – sonst haben Sie Ärger gerade dann, wenn Sie ihn am wenigsten brauchen können. Falls an Bord Platz ist, daß Sie Ihr eigenes Werkzeug auch für unterwegs mitnehmen können, umso besser. Aber wickeln Sie es gut in Lappen oder Schaumstoff ein, damit die Schönheit nicht bald dahin ist.

Funk-Profi: Die Zündkerze.

Zündkerzen müssen allerhand Hitze und Druck aushalten, und sie können daher nicht ewig leben. Nach Ihrer sollten Sie also immer mal wieder sehen. Wichtig ist vor allem der korrekte Abstand der beiden Elektroden, zwischen denen der Zündfunke überspringt. Er muß auf Zehntelmillimeter stimmen, und das messen Sie mit einer kleinen Fühlblattlehre. Das richtige Maß – nachzulesen in der Betriebsanleitung, meist 0,5 bis 0,7 Millimeter – stellen Sie durch Nachbiegen der Außenelektrode her. Meist muß der Abstand verkleinert werden, weil er sich im Betrieb von allein, durch »Abbrand«, vergrößert.
Bei der Gelegenheit schauen Sie sich auch gleich das »Kerzengesicht« an, den zum Kolben hin gewandten Teil der Zündkerze. Sind die Elektroden und der Isolator, rings um die Mittelelektrode, trocken und bräunlich bis grau, dann fühlt sich die Kerze in Ihrem Motor wohl. Weniger schön ist es, wenn ihr Gesicht mit schwarzem Ruß bedeckt oder ölverschmiert ist. Dann ist entweder nicht die richtige Kerze eingeschraubt (ihr sogenannter Wärmewert ist zu groß, und sie wird daher nicht heiß genug, um

sich selbst zu reinigen) oder Vergaser- beziehungsweise Zündeinstellung stimmen nicht. Auch zu langsames Fahren und viel Leerlauf-Warterei in der Stadt können die Ursache sein. Noch bedenklicher ist es, wenn das Kerzengesicht weißlich-hell ist und vielleicht sogar Schmelzperlen am Isolator zeigt. Dann ist die Kerze zu heiß geworden (ihr Wärmewert war für den Motor zu gering oder der Vergaser hat ihr ein zu mageres, kraftstoffarmes Benzin-Luft-Gemisch geliefert). Stark angeknabberte Elektroden sind ein Indiz dafür, daß der rechtzeitige Kerzenwechsel – spätestens nach 10000 Kilometer – vergessen worden ist. Beim Einschrauben die Kerze erst mit den Fingern so weit hineindrehen wie es geht, dann mit dem Kerzenschlüssel maximal um eine Vierteldrehung festziehen.

Große Schweinerei: Ölkohle und Auspuffdreck.

Bei Zweitaktmotoren kommt Öl ganz regulär in den Verbrennungsraum und kann dort Rückstände bilden, die sogenannte Ölkohle. Das ist ein schwarzer, krustiger Belag, der unerwünscht ist, weil er die Wärmeabfuhr von Kolben und Zylinderkopf behindert, die Außlaßschlitze zuwuchert und damit die Leistung verringert. Moderne Öle und geringere Ölbeimischung zum Kraftstoff (oder sparsamere Dosierung durch die Frischölpumpe) haben das Ärgernis Ölkohle zwar schon beträchtlich entschärft. Aber nach langen Motorlaufzeiten stellt sie sich auch heute noch reichlich ein – und natürlich dann, wenn schlechtes oder zuviel Öl verwendet werden.
Zur Ölkohlebeseitigung müssen Sie den Zylinderkopfdeckel abschrauben und dann mit einem Hartholzschaber dessen Innenseite und den Kolbenboden reinigen, aber nicht ganz blank machen. Kratzwerkzeuge aus Metall sind verboten, weil sie Riefen im Aluminium hinterlassen, in denen sich dann erst recht neue Kohle festklammert. Anschließend den Kolben ganz nach unten stellen, das Auspuffrohr vom Zylinder lösen, von außen her mit dem Holz den Auslaßschlitz säubern und, wenn er mit Kohle zugesetzt sein sollte, auf den ursprünglichen Querschnitt bringen. Dabei auch von oben her im Zylinder die Überströmschlitze kontrollieren und gegebenenfalls reinigen. Die gelockerten Ölkohlebröckelchen fliegen heraus, wenn Sie den Motor mit dem Kickstarter kräftig durchdrehen. Anschließend Auspuff und Zylinderdeckel wieder festschrauben – dabei die Deckelschrauben schrittweise anziehen, in der Mitte anfangen (so, als wollten Sie ein Blatt Papier glattstreichen) oder, wenn es nur vier sind, über Kreuz vorgehen. Es ist ratsam, dabei auch gleich die Zylinderkopfdichtung – so vorgesehen – zu erneuern.

Auch wenn der Verbrennungsraum sauber bleibt, spätestens in der Auspuffanlage sieht es dann düster aus. Am schlimmsten ist es ganz hinten im Auspufftopf, weil dort die Abgase schon abgekühlt sind und sich bei Zweitaktern das Öl niederschlägt, das im Gas zwangsläufig enthalten ist. Den Bemühungen zur Auspuffreinigung steht allerdings entgegen, daß die Hersteller ihre Abgasanlagen aus einem Stück machen oder die Teile so miteinander verbinden, daß man sie nicht mehr auseinandernehmen kann. Das war notwendig geworden, um unvernünftigen Fahrern das »Ausräumen« des Auspuffs – das nur Krach und keine Leistung bringt – unmöglich zu machen. Ist Auspuffrohr oder -topf zugesetzt, gibt es eigentlich nur zwei Möglichkeiten: einen neuen kaufen oder mit einem der heute erhältlichen chemischen Mittel Ordnung schaffen (genau nach Gebrauchsanweisung vorgehen, nach Anwendung nicht in die Kanalisation schütten!). Das früher beliebte Ausbrennen des Auspuffs mit »kalter« Schweiß- oder Lötflamme bringt nichts, weil es nicht weit genug in die Innereien vordringt; außerdem verdirbt es mit Sicherheit die Verchromung.

Treue Schmutzschlucker: Luft- und Kraftstoffilter.

Gäbe es nicht den Luftfilter vor dem Ansaugrohr, würden Kolben und Zylinder schnell verschleißen, denn schmirgelnder Staub könnte bis in den Verbrennungsraum des Motors vordringen. Gäbe es keine Siebchen in der Kraftstoffleitung, käme Schmutz in die haarfeinen Vergaserdüsen und legte Ihr Motorrad lahm. Die Filter bewahren Sie also vor manchen Unannehmlichkeiten. Allerdings wollen sie zum Dank auch gelegentlich gereinigt werden. Bei den Kraftstoffiltern oder -sieben ist das einfach: meist sind sie hinter dem Kraftstoffhahn angebracht, so daß Sie sie ausbauen und säubern können, ohne erst den Tank leermachen zu müssen.

Ein kleiner Filter kann großen Ärger ersparen. Hier ist einer unten am Benzinhahn zu sehen: öfter mal rausschrauben und wenn nötig saubermachen.

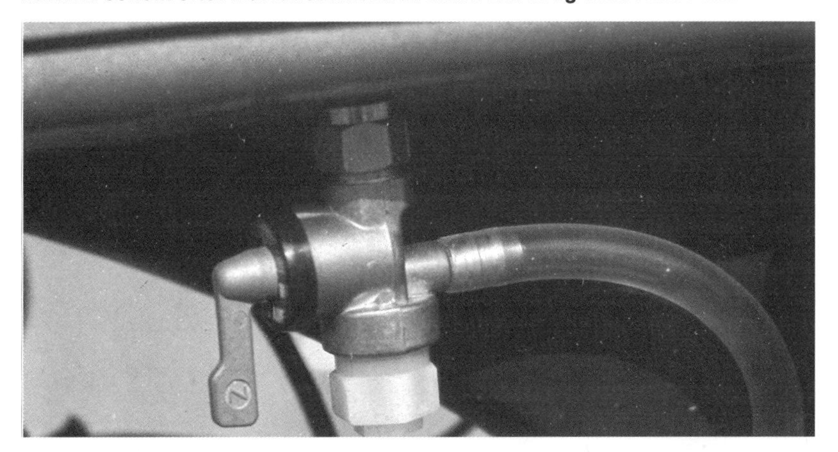

Am besten waschen Sie sie mit Benzin aus und blasen sie mit Preßluft trocken. Wenn man sie gegen das Licht hält, sieht man genau, ob noch Dreck drinsteckt. Häufiger, beim Fahren in staubigen Gegenden sogar sehr oft, müssen Sie nach dem Luftfilter sehen. Man erkennt schon auf den ersten Blick, wieviel Schmutz er geschluckt hat. Wie man den Dreck entfernt, das hängt von der Bauart des Filters ab. Trockenfilter aus Papier werden ausgeklopft, bei stärkerer Verschmutzung von der dem Lufteinlaß gegenüberliegenden Seite her mit Druckluft ausgeblasen oder, wenn sie schon ganz verstopft sind, gegen einen neuen ausgewechselt. Schaumstoffilter werden in Kraftstoff ausgewaschen und anschließend mit ein wenig Öl getränkt, das auf der Außenseite mit zwei Fingern einmassiert wird; es gibt aber auch welche, die trocken, also ohne Öl, arbeiten – schauen Sie also erst in der Bedienungsanleitung Ihrer Maschine nach.

Besuch im Gaswerk: Der Vergaser.

Wenn sich trotz aller Filter einmal Schmutz in den Vergaser Ihres Motorrads durchgeschlichen hat, müssen Sie im »Gaswerk« nach dem Rechten sehen. Oft genügt es, die Schwimmerkammer – den kleinen Topf, in dem die Schlauchleitung vom Tank endet – abzuschrauben, den Rest Benzin auszuschütten und nachzuschauen, was sich am Boden des Behälters so angesammelt hat. Ist etwas zu finden, entfernt man es mit Lappen oder Pinsel. Außerdem können Sie sich um die Haupt- und die Leerlaufdüse kümmern. An beide können Sie allerdings oft – je nach Bauart des Vergasers – erst nach Abnehmen der Schwimmerkammer heran. Schrauben Sie die Düsen (nicht aber die meist mit einer Feder gegen Verdrehen gesicherte Leerlauf-Luftschraube) heraus und stellen Sie durch äußere Begutachtung und Hindurchschauen (gegen das Licht halten) fest, ob sie verschmutzt sind. Wenn ja, dann bitte nicht mit einem Draht darin herumstochern, sonst bohren Sie das weiche Düsenmetall auf und das auf Hundertstelmillimeter genaue Maß stimmt nicht mehr. Also entweder kräftig durchpusten oder mit einer Borste, die Sie aus einem Besen oder einer Bürste gezupft haben, hineinfahren. Wenn Sie den ganzen Vergaser auseinandernehmen wollen (nötig ist es nur selten), merken Sie sich möglichst genau die Zusammengehörigkeit der einzelnen Teile und Teilchen, machen Sie sich am besten eine kleine Skizze und achten Sie beim Zusammenbau darauf, daß Sie die vielen und oft winzigen Dichtungsringe nicht vergessen.

Immer wieder neue Spannung: Die Kette.

Daß die Antriebskette zum Hinterrad regelmäßig geschmiert werden soll, wissen Sie schon. Soll sie lange leben, muß sie aber auch stets richtig gespannt sein – nicht zu stramm, denn dann kann sie das Lager des Antriebsritzels ruinieren, und nicht zu locker, damit sie nicht ins Peitschen kommt, rasch verschleißt oder sogar abspringt. Man prüft die Kettenspannung in der Regel mit der Belastung des Fahrers auf der Sitzbank, und zwar fühlt man mit dem Finger in der Mitte des unteren Kettenlaufs. Um ein bestimmtes Maß – 10 bis 25 Millimeter, genaue Angaben in Ihrer Betriebsanleitung – muß sich die Kette an dieser Stelle auf- und abbewegen lassen. Testen Sie das Spiel aber an verschiedenen Stellen der Kette, denn bei Abnutzung längt sie sich meist ungleichmäßig. Wenn der Kettendurchhang nicht stimmt (meist ist er zu groß), müssen Sie die Hinterachse mit Hilfe der Kettenspanner in ihrer Aufnahme verschieben. Rechts und links muß natürlich gleichmäßig angezogen oder gelockert werden, damit das Rad danach nicht schief im Rahmen steht; bei vielen Motorrädern gibt es an der Achsaufnahme Strichmarkierungen, die akkurates Arbeiten erleichtern. Nach dem Festziehen der Muttern an den Kettenspannern sollten Sie noch einmal den Kettendurchhang prüfen; manchmal hat er sich dabei unbemerkt geändert, so daß Sie wieder von vorn anfangen müssen.

o kann man sich ein Bild vom Verchleiß der Kette machen: Mit zwei Finern ein Glied hinten am Kettenrad anssen und versuchen, es nach hinten bzuheben. Ist hier deutlich Luft zu spün, ist die Kette bald wegschmeißreif. leist sind dann auch Ritzel und Kettend abgenutzt und sollten gleich mit usgewechselt werden.

en Durchhang der Kette prüft man, inem man am unteren Kettenlauf anfaßt nd versucht, sie auf- und abzubewen. Dabei belastet man die Maschine, dem man sich draufsetzt.

Nachstellungen mit guter Absicht: Seilzüge.

Wenn Brems- und Kupplungsbeläge im Lauf vieler Kilometer verschleißen, ändert sich der Abstand zwischen dem Handhebel, wo der Betätigungs-Seilzug beginnt, und seiner »Endstation«. Also muß man Seilzüge nachstellen können, damit diese Längendifferenzen ausgeglichen werden. Gäbe es diese Möglichkeit nicht, müßten Sie bei einer Trommelbremse, wenn die Bremsbacken abgenutzt sind, den Handhebel viel zu weit ziehen, bis die Backen an der Bremstrommel anliegen und eine Bremswirkung zu spüren wäre. Oft würde sogar der Abstand des Bremshebels zum Lenker gar nicht ausreichen. Also wird die Hülle des Seilzugs durch Verstellschrauben künstlich verlängert, bis das richtige Betätigungsspiel wieder hergestellt ist. Ganz ohne Spiel dürfen Seilzüge aber auch nicht sein, denn nur so ist sichergestellt, daß Bremsbacken, Kupplungsscheiben oder Vergaserschieber ungehindert in ihre Ruhestellung zurückkehren können. Wie groß die »Luft« jeweils sein soll, sagt Ihnen die Betriebsanleitung. Im Zweifel sollte es lieber ein bißchen mehr als zu wenig sein. Als Richtwerte gelten – am Ende des Handhebels gemessen – für die Kupplung 0,5 bis 1 Zentimeter, für die Bremse 2 bis 4 Zentimeter. Am Gasdrehgriff sollte das Spiel gerade eben fühlbar sein. Manche Seilzüge können Sie nicht nur oben am Handhebel, sondern auch unten an Bremse oder Kupplung justieren. Dann sollten Sie immer zunächst die Verstellung am Handhebel ausnutzen und erst dann, wenn Sie dort am Ende sind, auf die andere Seite übergehen. Bei hydraulisch betätigten Scheibenbremsen haben Sie diese Bowdenzug-Sorgen nicht. Aber wie Seilzüge verschließen, altert auch die Bremsflüssigkeit; beauftragen Sie also spätestens alle zwei Jahre Ihre Werkstatt, sie auszuwechseln.

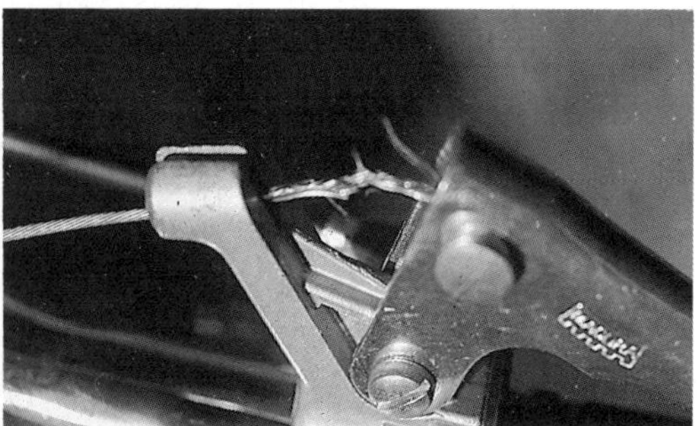

Ein so ausgefranster Bowdenzug hält nicht meh lange. Möglichst bald ersetzen!

Wenn das Kupplungsspiel am Handhebel zu gro geworden ist, kann und muß man den Seilzu nachstellen: zunächst, so vorgesehen, an de Rändelschrauben am Lenker (links) und ers dann, wenn es dort nicht mehr geht, unten an de Kupplung (rechts). Das gleiche gilt natürlich auc für Bremszüge.

Private Wechselgeschäfte: Die Reifen.

Nicht nur abgefahrenes Reifenprofil, sondern schon ein simpler kleiner Nagel kann dafür sorgen, daß Sie wohl oder übel das Reifenmontieren lernen müssen. Wenn man's kann, ist es auch ganz leicht – man trainiert aber besser in der trockenen Garage und nicht draußen im Regen am Straßenrand. Ein Vorteil ist schon, wenn sich wenigstens das Rad leicht ausbauen läßt. Leider ist schon das bei vielen Achtzigern eine umständliche Prozedur. Liegt es dann vor Ihnen, dann schrauben Sie Ventileinsatz und Ventilhaltemutter heraus, drücken auf einer Seite mit den Knien die Wulst des Reifens in das Felgenbett und heben Sie sie auf der gegenüberliegenden Seite nach außen über den Felgenrand. Dazu brauchen Sie Montierhebel, die schön stumpf und gerundet sein müssen, damit sie nicht den Schlauch zwicken. Ist der Reifen ringsum über die Felge gehoben, können Sie den Schlauch herausziehen und flicken oder, bei jeder größeren Beschädigung empfehlenswert, ersetzen. Soll der ganze Reifen herunter, so müssen Sie ihn auf die gleiche Art auch auf der anderen Felgenseite lösen. Das Aufziehen geht umgekehrt: Nach Einlegen des (leicht aufgepumpten) Schlauchs Ventil mit der Rändelmutter am Herausschlüpfen aus dem Ventilloch hindern, dann die Reifenwulst erst mit der Hand, am letzten Stück des Felgenumfangs mit den Montierhebeln über den Felgenrand drücken. Anschließend durch Kneten des Reifens mit zwei Fingern den Schlauch zurechtrücken und nachsehen, ob er nicht irgendwo eingequetscht ist. Nach dem vollen Aufpumpen sollten Sie noch einmal prüfen, ob die seitliche Markierungslinie des Reifens überall den gleichen Abstand vom Felgenrand hat.

Zur Messung der Profiltiefe am Reifen genügt ein simpler Groschen. Reicht der Gummi bis an die Wurzel des Eichbäumchens, ist alles okay. Kann man unten von der Jahreszahl etwas sehen, muß der Reifen ausgemustert werden – weniger als zwei Millimeter Profil sollte man nicht riskieren.

Nachzügler gesucht: Die Speichen.

Wenn Ihre Achtziger Gußfelgen, Scheibenräder aus Stahl (üblich bei Rollern) oder Verbundräder hat, können Sie gleich weiterblättern, denn Räder dieser Art sind wartungsfrei. Herkömmliche Drahtspeichenräder dagegen müssen immer wieder einmal auf richtige Speichenspannung kontrolliert werden. Schlagen Sie dazu alle Speichen nacheinander mit einem Schraubendreher an. Wenn sie einen Ton in einigermaßen gleicher Höhe von sich geben, sind sie in Ordnung. »Singt« eine sehr viel höher, ist sie zu stramm, scheppert sie dagegen, ist sie zu lose. Gefühlvolles Nachstellen am Speichennippel, dort wo die Speiche mit der Felge verbunden ist, bringt die Ausreißer wieder auf Vordermann. Aber nicht zu stark anziehen: Dann kann die Speiche reißen, oder sie schaut danach auf der Innenseite der Felge zu weit heraus, kann das dort liegende Felgenband durchstoßen und den Schlauch anpieken.

Bremsen-Begutachtung.

Reparaturen an den Bremsen sollten Sie grundsätzlich der Werkstatt überlassen: Zum Selberbasteln ist dieser Teil Ihres Motorrads am wenigsten geeignet, denn hier geht es um Ihre Sicherheit, vielleicht gar um Kopf und Kragen. Nichts einzuwenden ist indes gegen eine gelegentliche Prüfung der Bremsen – sie ist sogar sinnvoll, wenn Sie dabei entdecken, daß etwas daran getan werden muß. Trommelbremsen schauen Sie am besten einmal an, wenn das Rad (etwa für einen Reifenwechsel) abgenommen ist. Wischen Sie dann den staubigen Belagabrieb aus der Trommel – Vorsicht, nicht einatmen, viele Beläge enthalten das gefährliche

Auf eine kostenlose Achtziger ist mancher scharf – und solchen Brüdern sollte man ihr unehrbares Handwerk nicht zu leicht machen. Am sichersten ist, das Motorrad wie hier im Bild mit einem stabilen Schloß an einem festen Gegenstand anzuketten. So muß erst einer das Verkehrsschild ausrupfen, ehe er sich mit der Maschine davonmachen kann.

Asbest –, tun Sie ein Tröpfchen Öl (aber nur eins!) auf den Drehpunkt der Bremsbacken und die Gleitfläche des Bremsnockens, der die Bremsbakken auseinanderspreizt, und sehen Sie nach, wie dick die Bremsbeläge noch sind; drei Millimeter sind das Minimum, vor allem bei genieteten Belägen, bei denen die Nietenköpfe keinesfalls Kontakt mit der Bremstrommel bekommen dürfen. Bei Scheibenbremsen kann man die Stärke der Beläge leicht von außen kontrollieren; hier sind zwei Millimeter die absolute Untergrenze.

Finger weg von Unerlaubtem.

Auch wenn Sie ein geschickter Bastler sind und alle Tricks kennen: Bitte lassen Sie den Motor Ihrer Achtziger in Ruhe, vor allem die Auspuffanlage, und alle Teile, die mit der Geschwindigkeit und Sicherheit Ihres Motorrads zu tun haben. Bei Änderungen erlischt nämlich die Allgemeine Betriebserlaubnis des Fahrzeugs, bei einem Unfall ist Ihr Versicherungsschutz gefährdet, und strafbar machen Sie sich außerdem. Wegen dieses hohen Risikos lohnen sich Frisieren und Auspuff-Ausräumen nicht, und außerdem ist es bei vielen Achtzigern auch von der Konstruktion her erheblich erschwert worden. Wenn Sie mit einem Motorrad schneller als 80 km/h fahren wollen, sollten Sie lieber mit achtzehn Jahren möglichst bald den Führerschein Klasse 1b auf Klasse 1 erweitern lassen und dann ganz legal eine stärkere Maschine benutzen. Fahren Sie Ihr Leichtkraftrad dagegen, weil Sie schon ein wenig älter sind, mit dem Autoführerschein, führt vor dem schnelleren Motorradfahren kein Weg am Erwerb der Fahrerlaubnis Klasse 1 vorbei.

Wenn's nicht mehr weitergeht: Pannen unterwegs.

Leichtkrafträder haben in aller Regel ein recht langes Leben. Ihre Motoren sind gedrosselt, viel kann daran nicht kaputtgehen, wenn nicht Ölmangel oder schwere Bedienungsfehler im Spiel sind. Die Furcht, unterwegs – vielleicht sogar auf einer großen Tour – eine Panne zu haben, braucht also nicht so groß zu sein. Das bedeutet allerdings nicht, daß Sie sich grundsätzlich auf Fahrten ohne jeden Defekt freuen könnten. Zumindest Reifenpannen gibt es immer mal wieder, oft schüttelt sich unterwegs irgendetwas los, und ab und an kommt sogar ein richtiger Schaden vor, der das Weiterfahren abrupt unmöglich macht. Anders als die Fahrer größerer Motorräder, die dann ihre bis zu 300 Kilogramm schweren Maschinen nicht mehr weit von der Stelle bekommen, dürfen Sie Ihr

Abschleppen von Motorrädern ist bei uns ohnehin verboten – und so, wie die beiden es hier machen, geht es schon gar nicht. Sie kommen sich viel zu nahe dabei, und wenn der hintere nur den kleinsten Lenkfehler macht, haut es die zwei auf die Straße.

Fahrzeug wenigstens weiterschieben; die Straßenverkehrsordnung erlaubt es Ihnen im Paragraph 23 ausdrücklich, während sie es den Fahrern von Klasse-1-Motorrädern verbietet. Mit Ihrer leichteren Maschine haben Sie aber auch eine gute Chance, von jemandem mitgenommen zu werden, der sie auf seinen Wagen oder Anhänger laden kann, wenn Sie ganz und gar bewegungsunfähig geworden sind. Abschleppen von Zweirädern in Freundeshilfe gilt hierzulande als verboten. Wenn Sie es trotzdem (vielleicht bei einer Panne im Ausland) probieren wollen: niemals das Seil am geschleppten Fahrzeug festbinden, sondern es möglichst nahe der Mittelachse des Zweirads ein paarmal um den Lenker schlingen und das lose Ende zusammen mit dem Lenkergriff packen. Gibt es dann Schwierigkeiten, braucht die Hand nur das Seilende loszulassen, und das Motorrad kommt frei. Wichtig: Keinesfalls mit dem Vorderrad über das schlaff durchhängende Seil fahren. – Wenn Sie an Ort und Stelle reparieren können und wollen: Runter von der Straße und mit ausreichendem Sicherheitsabstand seitlich ins Gelände oder auf den Bürgersteig. Und ehe Sie verlorene Schrauben im Gras suchen müssen, legen Sie lieber irgendetwas – schlimmstenfalls Ihre Jacke – unter oder neben das Fahrzeug.

Zündungsärger.

Wenn Ihnen unterwegs der Motor stehenbleibt, ohne daß ein eigentlicher, mechanischer Motorschaden vorliegt, müssen Sie die Ursache entweder bei der Zündung oder bei der Kraftstoffzufuhr suchen.

Der erste Blick gilt der Zündkerze. Schrauben Sie sie heraus, stecken Sie das Zündkabel wieder auf und legen Sie die Kerze mit ihrem Gehäuse so auf den Motor, daß guter Kontakt von Metall zu Metall gegeben ist. Wenn Sie dann den Motor durchdrehen, muß an den Kerzenelektroden ein deutlicher Funke überspringen. Wenn ja, ist mit einiger Sicherheit nicht die Zündung der Grund für den Motorstillstand, sondern die Kraftstoffzufuhr. Wenn nein, wird es schwieriger. In früheren Jahren war dann meist der Unterbrecher schuld – falscher Kontaktabstand, klemmende Welle, erlahmte Rückholfeder. Achtziger haben aber so gut wie ausnahmslos kontaktlose elektronische Zündanlagen, bei denen man nicht mehr so schnell einen Sündenbock finden kann. Wenn Sie Glück haben, hat sich nur irgendwo ein Verbindungskabel gelöst, ist gebrochen oder hat wegen mangelhafter Isolierung Masseschluß (das heißt Kontakt zu metallischen Teilen Ihres Fahrzeugs) bekommen. Das ist immerhin leicht zu reparieren. Auch defekte Kerzenstecker lassen sich mühelos ersetzen. Sind allerdings Zündspule oder Hochspannungskondensator oder gar die Steuerelektronik kaputt, gibt's unterwegs nichts mehr zu basteln – da hilft nur Auswechseln gegen ein neues Teil. Gottlob kommt das nur höchst selten vor – meist dann, wenn es irgendeinem Halbleiter zu heiß geworden ist.
Oft sind die Gründe für den Ausfall des Zündfunkens aber auch ganz harmlos. Bei einer Wasserdurchfahrt oder im Wolkenbruch kann Nässe die Zündung lahmlegen, weil der Zündstrom sich einen bequemeren Weg als den Sprung über die Kerzenelektroden sucht (Wasser leitet Strom!), und manchmal finden Sie auch zwischen den Elektroden einer streikenden Zündkerze einen kleinen Fremdkörper, der sich dort breitmacht, wo eigentlich der Funke hüpfen sollte. Ein solcher »Popel« besteht aus Straßenschmutz, der den Luftfilter passiert hat (ist der Filter vielleicht verdreckt?), oder aus Ölkohle, die sich im Verbrennungsraum gelöst hat. Nach Entfernen des Popels läuft der Motor wieder wie zuvor.

Schwierigkeiten mit dem Kraftstoff.

Wenn an der Zündung alles in Ordnung ist und der Motor trotzdem nicht laufen will, sollten Sie checken, ob er ausreichend Kraftstoff und Luft bekommt. Ist der Tank vielleicht leer? (Lachen Sie nicht, auf diese einfache Ursache kommen viele Leute nur deswegen nicht, weil sie »doch gerade erst getankt haben«). Auch die Reservemenge im Tank kann manchmal – etwa bei starkem Gegenwind – rascher erschöpft sein als Sie es sich ausgerechnet haben. Bisweilen ist auch die tiefliegende Öffnung im Kraftstoffhahn, durch die das »Reservebenzin« fließt, verstopft und täuscht Sie über die wahre Ursache des Kraftstoffmangels hinweg. Den

Kraftstofffluß zum Vergaser kann aber auch ein verstopftes Kraftstoffilter oder ein zugesetztes Sieb im Kraftstoffhahn verhindern, ebenso ein verschmutztes Belüftungsloch im Tankdeckel (hierfür ist typisch, daß Sie alle paar hundert Meter stehen bleiben).
Diese Defekte erkennen Sie, wenn Sie den Kraftstoffschlauch, der vom Tank kommt, am Vergaser lösen – dort muß Kraftstoff ungehindert herauslaufen. Im Vergaser selbst können Düsen verschmutzt sein (mit Pusten oder mit einer Borste, niemals mit einem Draht reinigen!), der Schwimmer kann undicht sein und für ein zu hohes Kraftstoffniveau in der Schwimmerkammer sorgen, das den Motor »ersaufen« läßt. Auch kann das Schwimmernadelventil, das den Zufluß zum Vergaser öffnet und sperrt, klemmen und den Kraftstoff-Nachschub lahmlegen; dagegen hilft Klopfen mit einem Schraubenschlüssel auf den Schwimmerkammerdeckel. »Luftseitige« Ursachen für mangelhaften Motorlauf können sein ein verstopftes Luftfilter, das ebenso zu Atemnot führt wie wenn Sie sich Nase und Mund zuhalten, sowie »falsche Luft« durch Undichtigkeiten zwischen Vergaser und Motor: Wenn dort zusätzliche Luft angesaugt wird, weil vielleicht ein Gummistutzen Risse hat, wird das im Vergaser sorgfältig hergestellte Kraftstoff-Luft-Gemisch zu »arm« (an Kraftstoff). Hier müssen Sie also für absolute Dichtheit sorgen.

Verlockung nach Größerem

Stufenweise ist es sicherer.

Wenn Sie Ihre Achtziger perfekt beherrschen (und wir wünschen Ihnen, daß Sie das bald von sich sagen können), wächst bestimmt auch Ihr Appetit auf Motorräder größeren Kalibers. Sie wissen ja, daß Sie dafür zunächst die »unbeschränkte« Fahrerlaubnis Klasse 1 brauchen und dazu mindestens 18 Jahre alt sein müssen. Wenn diese grundsätzlichen Voraussetzungen erfüllt sind, haben Sie es allerdings als »gelernter« Achtziger-Fahrer leichter als andere, die diese Vorstufe nicht durchlaufen haben. Ihre Leichtkraftrad-Erfahrungen kann Ihnen niemand nehmen, und sehr vieles, was für das Fahren mit den kleinen Maschinen galt, ist auch für größere richtig.
Trotzdem gibt es da auch gewaltige Unterschiede, und die veranlassen uns, Ihnen mit einem guten Rat zu kommen: Erobern Sie bitte auch die Welt der größeren Motorräder nicht im Handstreich, sondern in taktisch klugen, kleinen Schritten. Es ist nicht vernünftig, mit dem »unbeschränkten Einser« frisch in der Tasche von der Achtziger gleich auf eine Tausender umzusteigen. Das Leistungspotential großer Motorräder ist so gewaltig, in Gewicht und Handlichkeit weichen sie so stark von kleineren ab, daß Sie sich ganz neu auf sie einstellen müssen. Und das tut man am besten, indem man zunächst einmal Erfahrungen mit geringeren Hubräumen sammelt. Die optimalen »Anschluß-Motorräder« nach den Achtzigern sind die Maschinen der 17- und 27-PS-Klasse, mit Hubräumen zwischen 250 und 500 Kubikzentimeter. Sie bieten schon eine Leistung, mit der Sie überall – außer auf der Autobahn – mühelos »mitschwimmen«, ja sogar überlegen sein können. Und sie sind vom Gewicht und vom Handling her der ideale Übergang zu den schweren Kalibern mit ihrer besonderen Faszination. Wenn Sie sich auf diese Weise »hochdienen«, werden Sie auch von einer Tausender oder Elfhunderter später nicht überfordert sein. Wir wünschen Ihnen viel Spaß auf den künftigen Stufen Ihrer Motorrad-Karriere.

In Kürze noch einmal das Wichtigste – Zwölf Gebote zum Auswendiglernen

1. Verlassen Sie sich auf nichts und niemanden, seien Sie vor allem mißtrauisch gegenüber Autofahrern. Nehmen Sie es nie für selbstverständlich, daß der andere Sie und Ihr Fahrzeug wirklich gesehen hat.
2. Tun Sie von sich aus alles, damit Sie den übrigen Verkehrsteilnehmern ins Auge fallen. Tragen Sie auffällige Farben und machen Sie das Licht an, zumindest dort, wo es auch am Tag finster ist und wo harte Hell-Dunkel-Gegensätze herrschen.
3. Denken Sie voraus. Wie die Verkehrssituation wenige Augenblicke später sein wird, das kann man mit einiger Sicherheit vorhersehen. Entsprechend müssen Sie Ihre Reaktionen bereithalten.
4. »Programmieren« Sie Gegenmaßnahmen für möglichst viele Gefahrensituationen in Ihrem Kopf. Nachdenken und Erfahrung helfen dabei.
5. Seien Sie besonders vorsichtig an Kreuzungen und Einmündungen: Das sind die Motorradfallen Nummer 1.
6. Haben Sie immer ein Auge auf die Fahrbahn und ihren Zustand. Hier darf Sie nichts überraschen.
7. Fahren Sie deutlich: Je besser Sie anderen verständlich machen, was Sie vorhaben, um so sicherer sind Sie.
8. Wahren Sie genug Abstand vom Vordermann – dann können Sie auch einmal etwas langsamer reagieren, ohne daß gleich etwas passiert.
9. Denken Sie an den toten Winkel, der schon viele Zweiräder in kritischen Momenten unsichtbar gemacht hat.
10. Halten Sie Ihr Fahrzeug fit. Nichts ist schlimmer, als wenn Sie sich in einer gefährlichen Lage nicht hundertprozentig auf die Technik verlassen können.
11. Meiden Sie Alkohol und Drogen.
12. Sorgen Sie immer dafür, daß Sie eine Leistungsreserve behalten. Weder Sie noch Ihr Motorrad sollten sich ständig an der Grenze des Möglichen bewegen.

In diesem Sinne wünschen wir Ihnen allzeit gute Fahrt!